AF394245

RÉFLEXIONS

SUR LA COLONIE

DE SAINT - DOMINGUE.

TOME SECOND.

RÉFLEXIONS

SUR LA COLONIE

DE

SAINT-DOMINGUE,

OU

EXAMEN approfondi des causes de sa ruine, et des mesures adoptées pour la rétablir ; terminées par l'exposé rapide d'un plan d'organisation propre à lui rendre son ancienne splendeur ;

Adressées au Commerce et aux Amis de la prospérité nationale.

Est modus, in rebus, sunt certi denique fines,
Quos ultrà citraque nequit consistere rectum.

TOME SECOND.

A PARIS,

Chez GARNERY, Libraire, rue Serpente, n°. 17.

L'an 4 de la République (1796.)

RÉFLEXIONS

SUR LA COLONIE

DE SAINT-DOMINGUE.

DISCOURS IV.

CHAPITRE IX.

Des bases du système commercial de l'Europe ; de l'influence des colonies sur les rapports généraux des nations ; de l'uniformité des colonies françaises et étrangères, et des désavantages qui doivent résulter de l'intervertissement de cet ordre de choses pour celle où il s'opérerait, et pour sa métropole.

J'AI exposé succintement au commencement de cet ouvrage, les effets que la découverte de l'Amérique produisit sur les intérêts et sur le système politique de l'Europe. Chaque état s'efforça de s'approprier quelques fruits de ce grand évènement, et de l'appliquer à sa propre utilité, selon l'étendue de ses moyens, ou plutôt selon que ses principes constitutifs donnèrent plus ou moins d'essor au génie national. Tandis que le Portugal retombait dans sa médiocrité, après avoir jetté, par ses entreprises, un éclat brillant mais de peu de durée : tandis que l'Espagne, a qui le hasard avait départi la gloire de servir d'exemple, prenant l'ombre pour la réalité, confondait avec la vraie richesse ce qui n'en est que le signe représentatif ; la France et l'Angleterre s'attachant à des maximes plus saines, s'élevèrent concurremment au plus haut dégré de puissance ; l'une par sa position géographique, par ses immenses ressources territoriales, et par l'industrie de sa nombreuse population ; l'autre par sa politique, par les formes protectrices de son gouvernement, et par son commerce, auquel tout fut constamment rapporté. La Hollande fut un nouvel et éclatant exemple de ce que peut enfanter l'esprit d'une liberté sage et bien organisée, qui lorsque le despotisme aveugle et imprévoyant convertissait des contrées fertiles en déserts, parvint à fixer sur un sol ingrat et disgracié de la nature, l'abondance et la richesse qu'elle semblait avoir exclusivement accordées à des climats plus heureux.

Ce fut depuis la découverte d'un nouvel hémisphère, que ces trois états, qui rivalisèrent ensemble par la grandeur imposante de leurs opérations, et par leurs succès prodigieux, devinrent en quelque sorte les arbitres des destinées de l'Europe : ce fut à compter de l'époque de la fondation de leurs colonies, qu'elles créèrent des flottes formidables , qu'elles couvrirent toutes les mers de vaisseaux , et qu'elles allèrent donner des lois aux contrées les plus reculées de l'univers. Mais oublions des succès étrangers pour ne nous rappeller que ceux de la France, l'influence qu'ils eurent sur son état présent , et celle que leur retour ou leur cessation absolue doivent avoir nécessairement sur son état avenir.

Nous nous éloignerons même rapidement d'une époque dont l'idée ne peut inspirer que des regrets douloureux et peut-être inutiles , et nous franchirons cet intervale effrayant qui n'a été rempli que par des désastres. Nous oublirons l'époque d'un commerce florissant , d'une industrie miraculeuse par ses produits , et encore plus par ses effets sur la masse des intérêts généraux ; et nous nous demanderons seulement par quels moyens la France était montée à ce haut dégré de splendeur , et comment elle en est déchue ?

Il n'est plus permis d'ignorer que c'était par les richesses immenses qu'elle retirait de ses colonies, sources inépuisables de prospérité publique et parti-

culière , et dont la ruine a tout plongé tout-à-coup ,
dans la langueur et l'abattement.

C'était par les colonies , par Saint-Domingue
nommément , que nous rendions nos tributaires
les nations dont nous le sommes maintenant. Si ces
canaux d'abondance n'avaient pas été desséchés , nous
n'aurions pas éprouvé un aussi cruel dénuement de
subsistances , nous n'aurions pas été forcés de leur
demander et de recevoir par grace , leurs marchandises aux conditions les plus onéreuses ; le sucre,
le café et l'indigo eussent avantageusement remplacé le numéraire immense sorti de la métropole
pour nos besoins pressans ; la marine française ne
serait pas désorganisée, le commerce national anéanti ;
l'agiotage , ce vampire cruel et dévorateur , ne s'atta-
cherait pas avec tant de ténacité au sein décharné
de la patrie. Enfin si l'épuisement de nos ressources
n'avait pas été prémédité et préparé long-tems d'a-
vance , par la ruine de Saint-Domingue , ce fleuve
réparateur coulerait encore pour elle , et la mettrait
en état de faire face à tous ses besoins.

Que reste-t-il pour nous consoler de ces privations?
Des plans incertains , des chimères emphatiquement
proclamées pour nous étourdir sur la perte de la
réalité.... Ecoutez ces Pangloss politiques ; tout est
pour le mieux, disent-ils : les sources des richesses
de la France sont épuisées. —Elles ne tarderont pas

à couler avec plus .d'abondance que jamais. —Saint-
Domingue est ruinée , anéantie.— Elle n'est, repond-
on, que régénérée , et bientôt elle brillera d'un nouvel éclat. — Mais sa population blanche est extermi-
née ou fugitive. — C'est un sacrifice expiatoire qu'on
devait à l'humanité....

Tout est pour le mieux, dis-je ; et pour mettre
le sceau à ce grand œuvre de sagesse et de haute
politique, il ne manquait plus que d'en remercier
solemnellement les sanguinaires coopérateurs, d'appliquer au squelette d'une colonie si brillante autrefois, une constitution qui ne peut convenir tout au
plus qu'à un corps sain et vigoureux, et de vouloir
fonder sur le sable mouvant du crime et des passions, un édifice dont les principes ne peuvent subsister et se maintenir que par la vertu, et par la
réunion de toutes les volontés.

J'ai examiné les obstacles que les localités, le
génie populaire et le résultat moral et physique des
évènemens opposeront à l'organisation des lois cons-
titutionelles à Saint-Domingue : je vais maintenant
considérer les effets que cet établissement, en supposant sa possibilité locale, ne manquerait pas de produire sur les intérêts généraux de la métropole.

Le moyen d'abréger la discussion est d'aborder
la question avec franchise, et d'examiner si dans
un état de liberté non modifiée, si par l'introduc-

tion d'un nouveau système, et par l'abolition entière et absolue de l'ancien, cette colonie remplira son objet indispensable d'utilité à l'égard de la métropole. La solution est dans l'examen de leurs rapports mutuels, des bases sur lesquelles on se propose de les appuyer et de la situation politique de la France vis-à-vis des autres états commerçans de l'Europe.

Saint-Domingue était une colonie, qui seule formait une masse de produits à laquelle celle de toutes les autres possessions françaises ou étrangères ne pouvait être comparée (en 1789 son commerce d'importation ou exportation, non compris les fausses déclarations, les interlopes et les enlèvemens furtifs, fut de 375 millions de livres); elle seule, par ses ressources inépuisables et toujours croissantes, fournissait à la métropole les moyens de se relever après des guerres ruineuses, et de faire reparaître subitement sur les mers, à diverses époques, des escadres imposantes et capables de balancer les forces navales d'un ennemi qui avait cru les avoir anéanties sans retour. Toujours acharné à son système d'envahissement maritime, il a avidement saisi l'occasion de nous nuire par le côté qui lui causait le plus d'ombrage et de jalousie. Notre commerce n'existe plus, nos flottes sont désorganisées, et la pépinière des matelots français, Saint-Domingue est dévastée. Que cet implacable ennemi ait plus ou moins coopéré à ces désastres, son but est toutefois parfaitement rempli : Remplirons-nous aussi bien le nôtre, en portant un remède efficace et prompt à nos maux !

Pour y parvenir, la nécessité est reconnue de restaurer cette colonie ; mais ce n'est pas un médiocre embarras que de se fixer sur les moyens. Selon moi, et selon tous les hommes qui appuient leurs raisonnemens sur l'expérience et sur la connaissance approfondie des élémens sur lesquels ce rétablissement doit être fondé, il n'en n'est qu'un seul : mais avant de le développer, je m'arrêterai un instant à l'examen de ceux qui ont été officiellement discutés.

Un homme que je crois rempli d'intentions pures, et doué de vertus comme il l'est de talens, a gravement employé son tems et son éloquence à combattre le systême de l'indépendance des colonies (*) ; ses argumens sont d'autant plus forts, qu'il n'a point

----

(*) Je n'ai pas l'intention de réfuter ici ces discours révoltans d'exagération, de jactance et d'immoralité, et si dignes de figurer à côté des carmagnoles de Barrère, qui, pour peindre l'état de la France, empruntait précisément les mêmes couleurs avec lesquelles a été tracé plus récemment celui de Saint-Domingue. Je n'ai en vue que le rapport de Boissy d'Anglas, dont l'éloquence, les raisonnemens et l'autorité sont capables d'en imposer aux hommes qui, comme lui, veulent le bien de bonne foi, mais qui ne sont pas mieux instruits qu'il ne paraît l'être. Je prie de remarquer, que quoique tendant vers un but opposé au sien, je m'appuie souvent de ses propres raisonnemens, et des principes énoncés dans son discours, que je suis pas à pas.

d'adversaire à combattre. Mais dans l'hypothèse de l'existence de projets réels d'indépendance, il a négligé le plus victorieux de ses moyens, ou il n'a pas assez pesé dessus : c'est que ce n'est point la France qui courait le plus de risques et de chances désavantageuses dans ce système pernicieux il est vrai, pour elle, mais plus pernicieux encore pour ses colonies. L'indépendance ouvrirait leurs ports à l'étranger, et l'admettrait à participer directement à leurs richesses : mais rien n'empêcherait que leur ancienne métropole ne soutînt avantageusement la concurrence. Sa supériorité à cet égard serait fondée sur l'habitude., sur les liaisons des Colons, qui quoique n'étant plus soumis directement à leur mère-patrie, n'en sentiraient pas moins le sang français couler dans leurs veines, et conserveraient par préférence leurs rapports avec le pays qui renferme leurs parens, leurs familles, leurs intérêts, et l'espérance, qui n'abandonne jamais l'habitant des Antilles, d'aller rendre le dernier soupir sur la terre chérie qui l'a vu naître : sa supériorité, dis-je, achèverait de se consolider par l'analogie des marchandises françaises avec les goûts coloniaux, par la préférence qui leur serait accordée sur celles de l'étranger, et par le dégré de perfection que nos manufactures stimulées par la concurrence donneraient aux divers objets qu'elles fournissent.

(9)

Dépendantes ou non, les Antilles doivent être
réunies un jour à l'Amérique septentrionale. C'est
ce qu'il est permis de prédire, en suivant les progrès, et en prévoyant la puissance future des états-
unis, d'après leur position géographique, et d'a-
près leur accroissement prodigieux et rapide en population, en force et en industrie. Mais en attendant cet évènement dont un, deux ou trois siècles
peut-être nous séparera, ces rivaux, les seuls dangereux aux intérêts de la France par leur proximité,
ne sauraient entrer en concurrence dans leurs spéculations commerciales aux colonies, ni avec elle, ni
même avec les autres puissances maritimes d'Europe,
qui peuvent léur porter directement les objets précieux dont elles ont besoin, objets que les Anglo-
Américains seraient forcés de leur venir demander,
pour les reporter ensuite aux Antilles, à l'exception
de quelques articles communs en bois et en subsistances. Sous le point de vue des liaisons de
commerce, il serait facile de prouver que c'est la
France qui recueillerait les principaux fruits de ce
système, dont les frais se réduiraient pour elle au
maintien de forces de mer assez imposantes pour
se faire respecter, et à une protection qui, selon toute
apparence, serait chèrement achetée. Mais il suffit,
pour le rejetter, de quelques inconvéniens recon-
nus : il suffit de dire que les colonies ne furent pas
fondées pour les abandonner ensuite à elles-mêmes,

et qu'elles ont coûté trop de sacrifices et de soins pour ne s'en réserver qu'une jouissance précaire, en les livrant à la merci des étrangers, et en les exposant aux intrigues du dedans et du dehors. En ce qui les regarde directement, qu'on se rappelle ce que j'ai dit des dangers de ce système, pour ce qu'elles ont de plus précieux, leur tranquillité et leur existence.

Mais oublions, après l'avoir réduit à sa juste valeur, ce phantôme d'indépendance, cette imputation machiavéliquement reproduite toutes les fois qu'on a voulu fermer la bouche à des infortunés auxquels on ne pouvait adresser de reproche plus spécieux, ni plus propre à remplir le but de leurs ennemis, d'obscurcir de plus en plus cette question déja si difficile et de gagner du tems. Il rappelle involontairement la célèbre conspiration des prisons, et toutes ces infernales inventions du crime et de l'intrigue pour parvenir à leurs fins. ... N'est-ce pas avec des mots vides de sens que depuis cinq ans les factions s'accablent tour-à-tour ? N'a-t-on pas vu alternativement, poursuivre à la fois l'intrigue et les vertus, sous prétexte de fédéralisme, la scélératesse et l'amour de la liberté injurieusement confondus sous celui de terrorisme, de même qu'on proscrit aujourd'hui les malheureux Colons sous le nom d'indépendans ? Eh ! pourquoi, pour ajouter un dernier trait de conformité entre les machinations d'Europe et celles d'Amérique, ne mettrais-je pas celle-ci à côté de ces horreurs d'une époque à jamais effroyable ? N'a-t-elle pas également servi de motif pour verser des torrens de sang innocent ? N'est-ce pas sous prétexte d'indépendance, que des Français, qui n'avaient d'autres rapports avec leur patrie que ceux de l'amour et des plus signalés services, ont été, les uns massacrés, d'autres dépouillés, et que dans un tems où l'on voit reluire une aurore de justice, ils ne peuvent l'obtenir, ni même se faire entendre.....?

Plût à Dieu que dans le principe on eût déclaré les colonies indépendantes ! les maux infaillibles qui en auraient résulté pour elles eussent été moins prochains, ou bien au-dessous de ceux qu'on leur a fait éprouver. C'est sans doute dans ce sens qu'ont pu l'entendre ceux qui se voyant accablés par la même main de laquelle ils croyaient n'avoir que des secours à attendre, ont bien pu, dans leur désespoir, former un vœu qui étoit leur dernière ressource. Mais aujourd'hui que tout est consommé, à quoi tend cette imputation imbécile et usée ? A quoi servirait maintenant l'indépendance des colonies, si ce n'est à achever d'anéantir ce qui reste d'espérance à ses habitans, ou à les livrer sans défense aux poignards de leurs bourreaux ; il n'appartient tout au plus qu'à leurs désorganisateurs d'ignorer une vérité que les Colons savent bien : c'est qu'il n'y a qu'une puissance prépondérante qui puisse, par son intervention, influer sur le sort de Saint-Domingue. L'Angleterre, la seule puissance capable de nous disputer la gloire de sa pacification et de son rétablissement, échouerait peut-être dans une entreprise qui demande, non des escadres, mais de grandes forces en hommes, et le déploiement subit d'une armée nombreuse et aguérie. De qui attendre un pareil effort, si ce n'est de la France seule ? Qu'on juge donc des vraies dispositions des Colons envers un état qu'ils chérissent comme leur patrie, et duquel ils attendent désormais leur salut (*).

Depuis la formation du système politique moderne de l'Europe, le commerce extérieur est devenu le fondement et la mesure de la puissance

---

P. S. Il en existe réellement un projet d'indépendance, mais bien étranger à celui si barbarement imputé aux Colons pour avoir le droit de les accabler et leur ôter celui de se plaindre. Ce projet, dont je suis instruit à peine depuis quelques jours, n'a rien qui m'étonne et que je n'aie prévu. Il appartient tout entier aux mulâtres et aux noirs ; à ces mulâtres et à ces noirs que la France a comblés de bienfaits, et qui peut-être, au moment ou j'écris, ont achevé d'exterminer tout ce qui n'était pas de leur couleur, et ont rompu tous les liens qui attachaient encore la colonie à la métropole. (Voyez l'avertissement qui précède cet ouvrage, et les détails explicatifs de cette intrigue.)

des états. Un peuple réduit à son commerce inté-
rieur et à n'employer ses ressources que vis-à-vis
de lui-même, est pour ainsi dire nul dans la balance
générale.

Mais la volonté et l'émulation ne suffisent pas
pour faire ce commerce : avec une activité égale,
l'état qui doit nécessairement obtenir la prééminence, est celui qui possède le plus d'objets de
première nécessité au-delà de ses besoins, et qui
est en état d'en fournir à ceux qui n'en ont pas
assez. La plus grande force d'un pays, a dit un
écrivain politique, vient de la plus grande quantité de denrées de première nécessité. Il est une
maxime généralement reçue, c'est que le peuple
le plus riche et le plus prépondérant dans le systême commercial, est celui qui donne à l'étranger
le plus de son superflu et qui en reçoit le moins.

D'après ces principes incontestables, la France
serait un des plus faibles états de l'Europe : destinée par sa position, par ses richesses territoriales
et par sa population, à influencer toutes les autres nations et à les laisser bien loin derrière elle,
au contraire, elle se ressent cruellement de la mé-
prise d'un grand homme ; et l'agriculture faible,
languissante, et abandonnée à la routine, reste
encore dans l'humiliation à laquelle il parut la condamner, en donnant impolitiquement la préférence
aux manufactures.

La France, par sa douce température, par son

immense population , et par la fertilité de son sol , devrait être le grenier de l'Europe , et extraire de son propre sein les matières nécessaires à son industrie : elle devrait , par le superflu de ses objets de première nécessité , prédominer dans le système des rapports généraux , et raffermir de plus en plus sa puissance , en tenant , pour ainsi dire , dans ses mains les besoins et l'existence des autres peuples. Bien loin de là , elle ne produit pas , année commune , une quantité de subsistance suffisante pour ses propres besoins : elle est forcée d'en tirer une partie de l'étranger , chez qui le premier de tous les arts n'a pas été , comme chez elle , sacrifié aux arts secondaires.

Il n'ignorait pas cette vérité , cet implacable ennemi , qui prévoyant de plus l'énorme dissipation qu'entraînerait une masse d'un million et plus d'hommes armés et arrachés à l'agriculture , a circonvenu nos côtes de ses nombreux vaisseaux et a soigneusement intercepté les secours envoyés par les neutres , dans l'intention barbare , et avec la presque certitude de nous livrer aux horreurs de la famine. Quelles qu'aient été les souffrances qu'il nous a causées , son atroce calcul a été déjoué ; et tandis que le génie de la liberté nous faisait triompher au-dehors de toutes les forces de l'Europe, la nature bienfaisante opérait des miracles au dedans pour sauver notre existence.

Mais il n'est pas moins certain que la France , dans

son état actuel, et sur-tout après ses pertes énormes en
hommes, dont la plupart appartenaient à la charrue,
ne peut se suffire à elle-même ; elle tirait de l'étranger
des grains, des laines, des soies, et la majeure partie
des matières premières de ses manufactures : elle, que
la nature semblait avoir destinée à asservir tous les
peuples, par leurs besoins et par l'inappréciable avantage de pouvoir les leur dispenser, se serait trouvée
au contraire leur être asservie par les siens, si elle n'a-
vait eu à sa disposition une ressource immense et in-
dépendante de son sol et de sa propre industrie. Qui
l'a affranchie d'une dépendance humiliante, si ce n'est
les colonies : avec quels moyens soldait-elle les nombreux articles qu'elle était forcée d'aller demander aux
peuples étrangers, sinon avec les denrées coloniales ?
C'est avec ces denrées précieuses que l'habitude et un
goût fortement enraciné, ont rangées réellement dans
la classe des objets de première nécessité, qu'elle a
heureusement plus que suppléée à ce qui lui manquait
de richesses territoriales : c'est avec elles qu'elle se
présentait avec avantage, et même avec supériorité,
dans tous les marchés de l'Europe, et que, malgré
l'immensité des objets qu'elle était obligée d'en extraire, elle obtenait un excédent annuel de quatre-
vingt millions : c'est par l'énorme quantité de productions coloniales dont la France inondait, pour ainsi
dire, toutes les places de l'Europe et de l'Asie, que les
effets de l'impéritie de son gouvernement devenaient

presqu'insensibles, et qu'elle était parvenue à neutraliser les traités et actes de commerce, qui semblaient
tous être faits à son préjudice : c'était par l'exportation
du sucre, du coton, du café et de l'indigo, et par
l'importation de ses marchandises aux colonies, qu'elle
s'appropriait une partie des avantages de ce commerce
d'économie, qui est la base principale de la puissance
maritime de l'Angleterre et de la Hollande : c'était,
enfin, par la navigation des Antilles qu'elle entretenait une marine nombreuse, et qu'au moindre signe
elle pouvait sortir toute armée du sein même de l'a-
néantissement, et en imposer à toutes les forces de
ses rivaux.

D'après le concours des évènemens et le systême
actuel qui en est la conséquence, il est de principe
qu'un état environné de nations commerçantes et
propriétaires de possessions d'outremer; qu'un état,
dis-je, qui a une puissance navale à entretenir, ne
peut se passer de ses colonies : c'est en vain qu'il se
déterminerait à se borner à ses richesses naturelles, et
à en tirer tout le parti auquel l'industrie soit capable
d'atteindre. Qu'on s'applique à élever nos manufactures à leur plus haut degré de perfection; ce sera un
éveil donné à l'étranger, qui, devenu très-clairvoyant
sur ses propres intérêts, ne manquera pas de se modeler sur notre exemple, et de s'enrichir de nos découvertes, peut-être même de les perfectionner. Qu'on
donne tous les soins et toute l'attention nécessaire à
                                        l'agriculture;

l'agriculture ; on ne saurait sans doute s'occuper d'un objet plus utile et plus conforme au bien général ; mais depuis long-tems l'étranger n'a rien à nous envier à cet égard ; il peut au contraire nous offrir des modèles à suivre ; et quelques soient nos succès, il est douteux que nous parvenions à le surpasser sur un point dont il a senti avant nous toute l'importance : peut-être même que ces succès se borneront à obtenir une quantité de subsistances nécessaires à notre consommation ; et ce serait toujours beaucoup ; car d'après une observation juste, et à laquelle ceux qui ont traité cette partie intéressante de l'économie politique n'ont pas fait assez d'attention, la nation française consomme une quantité de subsistances en grains, égale ou supérieure à celle que consomme tout le reste de l'Europe, quantité qui la maintiendra toujours au-dessous, ou tout au plus au niveau de ses besoins, tandis que la plupart des autres peuples, mangeurs de chair, pourront disposer facilement d'une partie des leurs.

L'agriculture protégée, honorée autant qu'elle a été négligée et avilie, peut devenir, comme cela devrait être, la plus ferme base de la puissance nationale ; mais il est une autre agriculture, qui peut seule lui faire obtenir une prépondérance extérieure, et d'autant plus inébranlable, qu'elle serait fondée sur les besoins réels que les nations étrangères ont contractés, et qu'elle seule pourrait satisfaire. Cette

Tome II.   B

prépondérance serait fondée sur l'attrait qui attache-
rait étroitement ces nations au pays duquel elles tire-
raient totalement d'un de leurs plus pressans besoins ;
ainsi qu'on voit les peuples du nord et du midi de
l'Europe, remplis d'inclination et de déférence pour
l'Angleterre, moins par l'ascendant de sa puissance ,
que parce que son commerce prévient tous leurs
desirs.

Dans l'ancien système politique, c'est-à-dire, dans
le tems que la population et l'étendue territoriale
étaient le fondement et la mesure exclusive de la
puissance, la France avait dans ses mains la clef des
destinées de l'Europe. Dans le système actuel, quelque puissante qu'elle soit déjà et qu'elle puisse être encore par elle-même, elle a besoin du supplément de
forces, d'industrie et de moyens que ses colonies lui
procuraient.

Tous les écrivains sont d'accord et pensent unani-
mement que les ressources intérieures de la France,
poussées à leur plus haut période, pourraient plus
que suffire, soit à la subsistance de ses peuples, soit
aux besoins de ses manufactures. Mais en attendant
qu'un gouvernement sage et prévoyant la fasse parvenir à cette époque heureuse et desirable, il y a apparence qu'on tirera encore long-tems de l'étranger
des grains et des matières premières. D'ailleurs ,
quelque certain et évident que soit le principe que de
l'agriculture dépend la véritable puissance d'un état ;

quels que soient les progrès de cet art , quel avantage
extérieur la France retirera-t-elle de son superflu de
subsistances, si les peuples environnans, qui aujour-
d'hui lui en fournissent , sont également exempts du
besoin ? D'un autre côté, que nous tirions , ou que
nous ne tirions pas de l'étranger les matières premières,
nos manufactures, dont par un vieux préjugé et sur la
parole des flatteurs , nous nous prévalons avec tant de
jactance, ne seront bientôt relatives qu'à nous-mêmes,
puisqu'à notre exemple, les états de l'Europe, tout en
favorisant soigneusement le premier et le plus excel-
lent des arts, en ont établi dans tous les genres ; et
qu'il en est , tels que l'Angleterre et l'Allemagne,
qui, à beaucoup d'égards, nous ont surpassés en solidité, en perfection et en industrie. A l'exception des
objets de manufacture française, vendus au levant en
concurrence avec ces étrangers, nos prétendus avantages se bornaient presque au commerce des modes
et des colifichets, seuls articles dans lesquels les autres
peuples ne purent devenir nos émules, et restèrent
constamment asservis au génie inventif du Français.
Mais il s'en fallait bien que les bénéfices qui en résultaient fussent suffisans pour compenser les objets de
première nécessité , et les matières premières qu'on
en retirait. Nos denrées coloniales , je le répète,
étaient, à cet égard, notre unique , notre inépuisable
ressource, comme c'était dans les colonies que s'absorbait l'énorme masse de marchandises françaises , pour

B 2

lesquelles on eût vainement compté sur les débouchés du commerce étranger.

Nous dépendions des autres états par le besoin urgent des matières premières, et les peuples de qui
nous les tirions, auraient pu nous causer d'étranges
embarras, en nous les refusant, comme cela pouvait
arriver. Mais nous étions heureusement exempts de
cette crainte, par le besoin qu'ils avaient eux - mêmes
de nos denrées coloniales, devenues nécessaires à
tous, et qui sont la base du commerce moderne,
comme le bled l'était du commerce ancien. J'ai dit
que l'habitude et un goût fortement enraciné en ont
fait, pour le monde entier, des objets de première
nécessité : on peut bien en effet les envisager sous ce
point de vue, puisque ce goût, loin de diminuer par
la difficulté de le satisfaire, fait au contraire de nouveaux progrès, et qu'il n'est point de sacrifices qu'on
regrette pour en obtenir les moyens.

Pour classer à bon droit ces objets au nombre
de ceux d'urgente nécessité, il est une autre considération non moins importante que celle des jouissances qu'ils procurent : c'est le besoin indispensable
qu'ont nos manufactures et celles de l'étranger des
cotons et des indigos de Saint-Domingue : ce sont
sur-tout les avantages qu'indépendamment des bénéfices d'achapt et de vente, la seule exportation du
sucre et du café procure à la navigation nationale.
On vante avec justice le commerce d'économie

comme le premier, le plus solide de tous, quoique le moins brillant en apparence, et celui qui doit donner à la longue, la supériorité maritime et commerciale aux peuples qui l'exercent : mais n'est-ce pas un véritable commerce d'économie que celui d'une possession lointaine qui exige l'armement de nombreux vaisseaux pour lui porter tout ce qui lui est nécessaire, et qui en exige un plus grand nombre encore pour exporter ses productions de son sein dans celui de la métropole ? Elle seule aurait pu balancer, éclipser même les avantages immenses que l'Angleterre et la Hollande retiraient de ce genre de spéculation. Le commerce des Indes Orientales, que ces deux nations ont accaparé, ne saurait à cet égard être comparé à celui-ci, dont les objets offrent à l'exportation un bien plus grand volume que les marchandises du Japon, de la Chine, et de l'Inde. Quant au droit qu'elles se sont arrogé d'être les portefaix de l'Europe, rien n'empêchait la France de participer à ce précieux avantage, ne fût-ce qu'en important elle-même ses productions coloniales dans les ports étrangers, et en ne souffrant plus qu'on vînt les chercher dans les siens.

J'abrège sur ces considérations, auxquelles il est inutile de donner un plus long développement, et je dis, que sans préjudice des avantages naturels qui dans les systêmes anciens étaient la plus ferme, l'unique base de la puissance politique, cette même

puissance est non moins solidement appuyée aujour-
d'hui sur le commerce extérieur, et celui-ci sur la
possession de colonies riches et industrieuses. Il n'est
point d'état plus directement intéressé que la France
à conserver les siennes, dont la perte, ou ce qui revient au même, l'appauvrissement influerait infailliblement sur sa prospérité, et porterait un coup mortel à son industrie, à ses manufactures, et par une
conséquence facile à déduire, aux moyens de subsistance de la partie laborieuse de sa population.

L'objet, ou si l'on veut, le résultat de l'établissement des colonies, fut de donner toute l'extension
possible au commerce des métropoles, et de négo-
cier aux meilleurs conditions avec les autres peuples. Ainsi les nations prépondérantes durent être
celles qui possédaient les plus riches établissemens.
Malgré les abus d'un régime qui n'avait ni règle,
ni base fixe, et qui dûrent nécessairement retarder
ses accroissemens et rallentir les avantages naturels
de sa fécondité, Saint-Domingue avait procuré à la
France la plus haute influence dans ce nouveau systême. Elle était la première des Antilles ; mais elle
était aussi environnée de colonies étrangères qui lui
enviaient ses succès et n'épargnaient aucun effort pour
y atteindre. Ces efforts furent inutiles, à cause de
l'uniformité de leur régime, et tant qu'il ne fut
question que de tirer le plus grand parti possible
d'un sol prodigieusement fertile, avantage que Saint-

Domingue possédait par-dessus toutes les autres et auquel elle dut sa prééminence.... Maintenant ce n'est plus cela : en quatre ans les choses ont tellement changé, que cette colonie, qui seule éclipsait toutes les autres, n'est plus à comparer à la moindre d'entr'elles. Celles-ci, exemptes de bouleversemens, continuent d'envoyer à leurs métropoles des productions dont les évènemens ont doublé la valeur, tandis que Saint-Domingue ne peut offrir que des ruines. Mais faisons mieux : perdons un instant de vue ce qui est arrivé ; reportons-nous aux tems antérieurs à ces évènemens, et qu'il ne soit question que de discuter le danger ou les avantages des changemens qu'on se proposerait d'y opérer.....

Les colonies modernes ont été fondées pour l'utilité des métropoles : c'est un principe que j'ai déjà établi et duquel je ne m'écarterai pas. Ces possessions et le commerce dont elles sont devenues les bases, se sont tellement identifiées avec l'existence et la prospérité des états, que dans les changemens ou les simples modifications qu'on voudrait y opérer même pour leur amélioration et leur plus grande utilité, il faudrait user d'une grande circonspection, et ne pas perdre un instant de vue les rapports et les liaisons d'intérêt qui les unissent les uns aux autres. Quels que soient les abus du régime des colonies, ils sont communs à toutes, soit françaises, soit étrangères ; et en voulant les extirper dans les nôtres, il faut obvier sur tout à ce que les autres ne s'en puissent prévaloir.

Il ne suffit, pas pour atteindre le but qu'on se propose, de supprimer dans l'une d'elles un régime que l'on croit mauvais pour y en subsister un meilleur : l'utilité de la métropole est la règle qui doit diriger une opération qu'il est indispensable de caculer sur les avantages ou le préjudice qu'elle peut apporter à ses intérêts dans la balance des rapports généraux. Les vices inhérens aux colonies sont plus étroitement liés qu'on ne pense au système qui unit les divers états entr'eux ; système qui forme le principal contrepoids de l'équilibre politique. De sorte que tel d'entr'eux qui croirait ne travailler qu'à les détruire, ne ferait peut-être qu'opérer l'affaiblissement de sa propre puissance. On pourrait même attribuer avec vraisemblance, à la crainte de cet inconvénient, la négligence que les nations propriétaires de colonies ont apportée à leur législation, et la mollesse avec laquelle des gouvernemens, despotiques sur tout le reste, y faisaient exécuter le petit nombre de réglemens faits.

Toute prévention à part, il est incontestable que c'est au régime commun de toutes les colonies qu'on a dû leur splendeur, et que c'est lui qui leur a fait franchir rapidement les obstacles que les erreurs des gouvernemens, et les vices inhérens à leur organisation devaient opposer à leurs accroissemens.

Quelle qu'en soit la cause, ces accroissemens ont été plus lents, il est vrai ; mais elles n'en ont pas moins atteint insensiblement l'état de prospérité auquel elles avaient droit de prétendre. Maintenant il n'est question de rien moins que d'apporter, non une simple modification qui pourrait-être utile en l'opérant graduellement et avec prudence, mais un changement subit et absolu, dans ce qui a été regardé jusqu'à présent comme la pierre angulaire de leur existence. En un mot, sans préparation, sans restriction quelconque, on a déclaré libres les cultivateurs d'une colonie qui n'avait fleuri que par l'esclavage, et on l'a isolée des colonies étrangères qui l'environnent, et dans lesquelles se maintiendra ce même régime auquel elle devait tous ses succès.

Pour faire toucher au doigt les conséquences infaillibles de cette révolution fondamentale, je ne me prévaudrai pas du rapprochement de l'ancienne prospérité avec la misère actuelle ; je tâcherai de les rendre palpables, en présentant les raisons théoriques par lesquelles, indépendamment de l'instruction des évènemens passés, les résultats à venir seront en évidence.

Prenons pour point de comparaison une de ces possessions étrangères, la Jamaïque par exemple, celle de toutes qui a marché de plus près sur les traces de Saint-Domingue : examinons ces deux colonies rivales sous le point de vue de la nouvelle différence qui les distingue. En leur supposant une exacte égalité de forces et de ressources intérieures, (ce qui malheureusement n'est rien moins que vraisemblable), celle qui a adopté ou conservé le meilleur régime doit nécessairement anéantir, ou au moins éclipser l'autre. A laquelle des deux ce triomphe est-il réservé ?

Saint-Domingue, disent les partisans de l'organisation nouvelle, sera plus étroitement que jamais attachée à la France, par l'attrait puissant de la liberté, par les liens d'un intérêt commun. Son sol fertile, cultivé par des mains libres, produira bien plus de richesses que sous le régime de la servitude... Voilà qui est bientôt dit et fort satisfaisant sans doute en spéculation ; mais raisonnons froidement et disons : Saint-Domingue sera désormais cultivé par des hommes libres, et dont aucun moyen ne réparera les pertes, tandis qne la Jamaïque le sera par des esclaves dont le commerce augmentera sans cesse le nombre. Il ne s'agit ici que d'examiner simplement si cette différence doit influer sur la quantité et sur la valeur des denrées qu'elles produisent également, et en faveur de laquelle des deux colonies la balance doit pencher.

Le travail ne peut être volontaire, à moins que ceux qui s'y livrent n'y soient directement intéressés : j'ai démontré qu'il ne peut en être ainsi pour des hommes exempts de besoins, et de tout ce qui pourrait servir de véhicule à leur activité ; il ne

peut en être ainsi, dis-je, sous un climat où la
nature prodigue spontanément et avec profusion,
ce qu'en d'autres lieux elle n'accorde pas toujours
aux plus durs travaux. Il est facile de sentir du
premier coup, que la colonie, qui possède un nombre suffisant de bras dévoués au travail, nombre
qu'il lui est loisible d'augmenter sans cesse, doit
nécessairement l'emporter sur celle dont les cultivateurs, devenus maîtres d'eux-mêmes, peuvent s'y
livrer ou s'y refuser, et dont il lui est désormais
interdit d'augmenter ou seulement d'entretenir le
nombre. La première doit produire une quantité de
denrées proportionnée aux moyens qu'il lui plaira ou
qu'il lui conviendra d'employer ; et celle dont les facultés sont si étroitement bornées, doit être à l'autre ce
qu'était la partie espagnole de Saint-Domingue à
la partie française qui regorgeait de richesses,
tandis que celle-là, malgré sa fécondité naturelle,
languissait dans l'inertie et la pauvreté. Certes, à
l'exception de la tranquillité qui y régnait, et dont
il n'est malheureusement pas facile de prévoir l'é-
poque pour nos possessions, la comparaison est très-
exacte : en supposant la fin des convulsions, auxquelles la partie française est en proie, ce qu'était
la partie espagnole peut donner une juste idée du
sort auquel elle est destinée ; car quoique la servitude y existât, maîtres et esclaves s'y abandon-
naient à une douce oisiveté ; satisfaits de s'y livrer

et contens des biens faciles que la nature accordait à leurs premiers besoins, ils paraissaient peu jaloux des richesses toujours croissantes de leurs laborieux voisins. De sorte que la colonie espagnole de Santo-Domingo, plus étendue d'un tiers que la partie française, et presque généralement composée d'un sol vierge, et supérieur au nôtre par sa situation et sa fécondité, était de la plus médiocre importance par ses productions, était négligée par sa métropole, et n'avait plus d'autre considération que celle attachée au berceau de la puissance espagnole en Amérique.

La masse des productions coloniales allait toujours croissant sous l'ancien ordre de choses; sa diminution subite ou progressive doit-être la conséquence inévitable du nouveau. La probabilité, ou plutôt la preuve démontrée, en est fondée, abstraction faite des évènemens et de l'état actuel de la colonie, sur sa dépopulation et sur la cessation des moyens de lui procurer de nouvelles forces. Pour rendre ceci plus sensible, je n'ai qu'à rappeller les tableaux que j'ai déjà offerts, et sur-tout ce que j'ai dit de la différence qui distingue l'économie rurale de Saint-Domingue d'avec celle d'Europe, où la plus grande subdivision possible des propriétés tourne au profit de l'agriculture et de la masse des produits. Aux Antilles, la culture exige au contraire de grands capitaux que le

Colon trouvait dans ses propres moyens ou dans ceux du commerce ; en voici un exemple pris parmi les manufactures à sucre, les plus importantes de toutes, et celles qui offrent le moins de variation dans leur valeur et dans leurs produits. Une sucrerie valait sur le pied de l'estimation suivante,

300 carreaux de terre, à 2000 liv. le carreau.................... 622000 liv.
500 noirs à 2000 liv. l'un dans l'autre...................... 1000000
Animaux d'exploitation 100000
Etablissemens et machines..... 500000
Maison principale, hôpital et dépendances 40000
Outils, voitures et autres objets divers 40000
Argent de la colonie............ 2302000

Il faut observer que cette estimation, sur-tout celles des noirs, est très-modérée. Mais pourquoi, m'objectera-t-on, une manufacture ne pourrait-elle pas être formée avec la moitié de ces différents capitaux ? Elle le pourrait sans doute, mais avec une diminution beaucoup plus que proportionnelle dans les produits et dans la valeur du fonds ; car il ne faut pas un moins grand nombre de bâtimens et d'instrumens à une habitation de 100 carreaux qu'à une de 300 : elle exige un nombre égal de rafineurs, ouvriers, cabrouëtiers ou attachés aux divers détails d'administration, et un moulin à eau suffit à la plus grande comme à la plus petite.

L'attelier est moins nombreux il est vrai : mais si les travaux de la culture y sont moins étendus, ceux de manufacture ou des bâtimens exigent à-peu-près le même nombre de bras, la même assiduité, ou éprouvent des retards préjudiciables. De plus, une sucrerie de 200 carreaux en bon sol, produira, avec 300 nègres et en moins de tems, une quantité de sucre au tiers de laquelle une sucrerie de 100 carreaux de terre également productive, et de 150 noirs, pourra à peine atteindre. Ce dernier établissement, en bon état, coûtera un million, tandis que l'autre qui produit trois fois plus, n'aura coûté que deux millions.

D'ailleurs, à l'exception des noirs qui, estimés isolément, ont toujours une valeur égale, les objets énumérés n'en ont qu'une relative. C'est du mobilier que dépend l'évaluation du sol et de tout ce qui compose les établissemens ; de sorte que tels bâtimens qui sur une habitation sont évalués 500 mille livres, ne le seraient pas à la moitié, pas même à la valeur des matériaux dans une autre. En un mot les propriétés diminuent de valeur même relative à mesure qu'elles sont moindres, et qu'elles ont moins de bras ; et elles augmentent d'autant à proportion, qu'elles présentent plus de ressources et d'étendue. En effet, les divisions de biens entre héritiers furent toujours jugées, sinon impraticables, du moins funestes à leurs intérêts, à ceux de la colonie et de la métropole, par le préjudice qu'un démembrement porterait à l'agriculture.

Généralement parlant, les propriétés coloniales n'eurent jamais qu'une valeur idéale, et moins dépendante du fonds que de l'industrie. Cela est si vrai, que quelque modérée que fût l'estimation d'une habitation, et quelque stipulé qu'en fût le prix dans un acte de vente, jamais le vendeur n'en recevait la somme ; et il était forcé d'accorder à l'acheteur les mêmes facilités et plus encore qu'il n'en avait lui-même obtenu de ses créanciers, pour rassembler une masse pareille de capitaux. On a vu des acquéreurs s'enrichir et revendre une acquisition dont ils n'avaient pas encore payé le premier terme.

On a attribué cela au défaut de la quantité de numéraire suffisante pour les transactions commerciales, et au petit nombre de capitalistes. Je l'attribue à la grande facilité d'acquérir, et à l'industrie qui ne se vend pas, et dont le plus ou moins fait souvent qu'une habitation est plus florissante sous un propriétaire que sous celui qui lui succède ou qui a précédé. Il n'y a en effet que l'industrie et la confiance qu'elle inspirait au commerce qui pussent l'engager à se constituer en avances énormes qui souvent excédaient le capitale du Colon sans autre hypothèque ni garantie que ses engagemens et sa bonne foi ; souvent aussi on le vit faire une seconde et troisième avance au débiteur qui n'avait pas achevé de rembourser la première.

Ces abus, ou cette facilité, furent un des plus puissans ressorts de l'activité européene et coloniale. Si l'ambition du Colon était vivement stimulée par le besoin d'obtenir de grandes avances pour étendre sa culture, il n'inspirait pas un moindre enthousiasme au négociant, par la peinture de ses projets et de ses brillantes espérances. Toujours est-il vrai qu'il en obtenait la totalité ou une partie au moins de ses demandes. Il pouvait arriver que ces espérances fussent déçues ; mais il en résultait toujours un mouvement rapide et incroyable dans les affaires, l'extension de toutes les branches de commerce de la métropole avec la colonie, et surtout celle de son agriculture, dont les produits croissant sans cesse venaient se rassembler dans les mains du négociant, et lui offraient d'un côté d'amples dédommagemens des sacrifices qu'il s'exposait à faire de l'autre.

On peut dire, avec vérité, que la dette de la colonie était la base de ses liaisons avec la France, et la chaîne qui faisait dépendre les fortunes de Saint-Domingue de celles de la métropole ; delà l'intérêt qu'avait le commerce qu'elle ne se liquidât jamais ;

delà

delà l'ardeur du Colon pour étendre sa culture ; moins dans l'objet de payer, que pour avoir la facilité d'emprunter de nouveau et de s'étendre encore ; delà enfin une multitude d'affaires, et un accroissement prodigieux dans la masse des productions.

Les avantages de cet état de choses pour l'intérêt général étaient si bien sentis, que les faveurs et les ménagemens étaient prodigués à ces abeilles de la France : leurs propriétés étaient si sacrées, et jugées d'une telle délicatesse, que les lois laissaient au négociant toute la latitude possible pour seconder l'industrie, et nul moyen de lui nuire directement : la saisie-réelle était inusitée à Saint-Domingue : les droits des créanciers n'étaient en quelque sorte fondés que sur la bonne foi des débiteurs ; et ce n'était qu'avec timidité et avec une circonspection extrême, que le fisc, toujours si entreprenant et si avide, y avait établi quelques légers droits, sous prétexte de faire face aux plus pressans besoins de la colonie.

Sur quoi portait principalement cet échafaudage trop brillant pour n'être pas précaire ? Sur le travail des noirs dont la valeur était à Saint-Domingue ce qu'est en Europe celle du sol et du fonds : ici le sol ne valait que par le mobilier. Ainsi en anéantissant par le fait cette première valeur, tout le reste est réduit à rien ; et un Colon qui posséderait mille carreaux de terre excellente, et des établissemens somptueux, serait aussi pauvre qu'un homme qui se trouverait tout-à-coup environné de trésors, dans une isle déserte et inconnue. De ce moment, plus d'émulation, d'industrie et de hardiesse dans les entreprises : plus de fortunes à élever, plus de cette ambition, qui comme un vaste lévier dont le moteur était à Saint-Domingue, animait l'activité de toutes les nations, occasionnait des spéculations immenses, et faisait la richesse et la prospérité du monde entier.... Enfin plus de culture coloniale, ou dans l'hypothèse la plus favorable, elle deviendra aussi timide qu'elle était hardie, et jalouse de s'étendre : toute l'ardeur du cultivateur s'éteindra par l'anéantissement de son principal véhicule, il n'aura plus ni le pouvoir ni le desir de sacrifier son repos et son existence même à l'espérance fondée d'accumuler de grands capitaux. Supposé qu'il lui reste encore quelques moyens, il deviendra aussi économe qu'il était prodigue, aussi parcimonieux qu'il avait d'ostentation : il se réduira à l'absolu nécessaire : les spéculations commerciales de la métropole, et l'activité de ses manufactures auxquelles une consommation immense donnait la vie et le mouvement, diminueront, ou se réduiront à rien par le rétrécissement des débouchés des marchandises françaises : les armemens cesseront ou se rallentiront, et dès-lors les vues d'utilité générale ne seront qu'imparfaitement ou point du tout remplies.

Cet exposé rapide d'inconvéniens, qu'il est impossible d'éviter, ne s'applique qu'à Saint-Domingue. S'ils devaient s'étendre à toutes les Antilles, et qu'elles ne pussent se prévaloir de nos fautes, ce serait du moins un faible soulagement à nos maux. Mais le même ordre existe dans les colonies étrangères, il y est plus consolidé que jamais, par les précautions que leurs possesseurs se sont hâtés de prendre, d'après le terrible exemple arrivé dans le voisinage. Ils ont pu craindre un instant pour eux-mêmes : mais grâces à leur active surveillance, il n'en résultera pour eux d'autre changement que de se tenir sur leurs gardes, et d'attirer dans leurs mains toutes les richesses et le commerce dont elles se contentaient autrefois de disputer une faible partie à Saint-Domingue.

O vous qui ne rêvez que bouleversemens ! n'espérez plus que le fléau qui dévaste nos colonies malheureuses , franchisse le canal étroit qui sert de barrière à votre fureur destructrice : cessez de compter, pour étourdir la France sur ses pertes, sur la ruine assurée des possessions de l'étranger ! Le péril qui les a menacées un instant, et que moi-même j'ai cru réel, est passé et n'existe plus du moment qu'on a eu le tems de s'y préparer. C'est en vain que vous répandez avec affectation le bruit , qu'il existe au centre de la Jamaïque un volcan qui va s'étendre et l'embrâser : il en sera de vos espérances homicides, à cet égard, comme de celles dont vous vous flattiez naguères en Europe....

La Jamaïque est plus brillante que jamais : elle s'est déja emparée du premier rang qu'elle enviait inutilement à Saint-Domingue. L'appauvrissement de sa rivale va prodigieusement accroître son industrie et son activité ; et sans conquérir, sans chercher à s'étendre, l'Angleterre touche enfin au moment si desiré, et au but auquel tendaient tous ses efforts : elle va mettre le sceau à ses projets et à sa puissance, en s'emparant de la seule branche de commerce qui lui restât à ambitionner, et qu'elle va joindre à celui du monde entier.

CHAPITRE X.

Suite du précédent : de l'utilité du luxe colonial , et de son influence sur le bonheur des peuples , et sur la prospérité des métropoles.

LE sucre serait trop cher , dit ironiquement Montesquieu (*) , si l'on ne faisait cultiver la plante qui le produit par des esclaves. Il est dommage que ce grand génie , qui dit ailleurs d'une manière positive et plus sérieuse , (**) qu'il faut borner la servitude à certains pays particuliers de la terre , n'ait pas médité sur les moyens d'obvier à un inconvénient qui lui répugne, sans paraître néanmoins le condamner ; il est dommage , dis-je , que par une discussion lumineuse , il ne nous ait pas éclairés sur la manière d'utiliser des possessions qui sont les sources des richesses et des jouissances du monde entier , et de soutenir le commerce et la navigation qui sont aujourd'hui les plus fermes appuis de la puissance des états , sans avoir recours aux bras d'esclaves extraits d'Afrique. Il est permis , ce me semble , d'interpréter son silence , et de dire , que

____

(*) T. 11 , Chap. V.
(**) Ibid , Chap. VIII.

C 3

quoique bien éloigné de croire, comme un philosophe célèbre de l'antiquité, qu'il y a des esclaves
par nature, il a pensé du moins, que c'était un
de ces abus qu'on tenterait en vain de détruire,
tant que les sociétés resteront imparfaites, que
les principes sur lesquels elles sont fondées ne
s'accorderont pas avec les principes naturels, ou
en nécessiteront la modification, et que les
hommes seront mûs par leurs besoins, les passions, et par les influences des climats : et il a sa-
gement rangé le système moderne des colonies au
nombre des maux sur lesquels il falloit fermer les
yeux, à cause des grands avantages généraux qui
en résultaient. En le lisant attentivement, il est
facile de se convaincre qu'il a moins en vue de
blâmer la chose en elle-même que ses abus.

On interrogerait vainement sur la même question, les écrivains politiques qui ont traité des
colonies. Raynal lui - même, qu'on n'accusera pas
d'être favorable aux vices de l'esclavage, paraît
l'excuser implicitement en faveur de ses résultats ;
et loin de parler de renverser l'édifice de fond en
comble, parce que des défauts y sont mêlés, son
immortel ouvrage ne roule principalement que sur
les moyens de les corriger ; et de rendre les colonies plus florissantes. Enfin, loin de tenter de trouver un meilleur expédient, tous s'accordent una-
nimement sur un point commun, c'est que les

denrées coloniales ne peuvent être cultivées que par des esclaves.

Les rapports des inclinations, du climat et des localités, n'avaient point échappé à leur pénétration, et ils avaient sans doute regardé ces notions comme trop simples, trop faciles à saisir, pour qu'il fût nécessaire de les développer.

En effet, il est des vérités si claires et si incontestables, qu'il suffit de les énoncer, et qu'elles portent leur preuve avec elles. Mais aujourd'hui que l'opinion est si étrangement écartée de celles que ces hommes célèbres ont reconnues et avouées, tout en s'élevant avec force contre l'abus qu'on en a fait, pourrai-je, sans présomption, m'efforcer de suppléer leur silence, et hasarder quelques idées sur un chapitre qu'ils ont négligé de traiter ? J'ai du moins pour moi, d'être d'accord avec eux sur tout le reste : j'ai, comme eux, en horreur l'injustice, l'inhumanité, et l'horrible abus qui a été fait de choses utiles en elles-mêmes : comme eux aussi, je pense que ce serait un grand mal de plus que de détruire ce qui ne demande que d'être corrigé, et d'appliquer le fer et le feu à une plaie qui n'exigerait que des remèdes doux et dirigés par la sagesse.

Les richesses coloniales toutes brillantes qu'elles sont, et l'existence même de ceux qui habitent les contrées qui les produisent, sont trop précaires,

pour se flatter d'y former des établissemens à l'ins-
tar de ceux d'Europe, et fondés sur les mêmes bâses
et les mêmes calculs. Le prix de ces richesses ne
leur est point relatif ; c'est-à-dire , qu'elles n'ont
de valeur que celle qu'un goût général leur a donnée.
De sorte que sans le cas que les autres nations
font de leurs denrées , les colonies privées de l'essentiel , qu'on leur porte en échange , seraient dans
la pauvreté. L'habitude et un goût qui s'accroit
journellement , en ont fait une nécessité , il est
vrai , et elles sont devenues la bâse fondamentale
d'un commerce immense ; mais un caprice et des
ciconstances imprévues peuvent les remettre , sans
grand inconvénient pour les individus considérés
isolément, au rang des fantaisies devenues des besoins réels , et qui disparaissent avec les moyens de
les satisfaire. Qu'en Europe le cultivateur ou le
manufacturier soient isolés par une guerre , et leurs
opérations commerciales suspendues avec les autres
états, il leur reste toujours la consommation intérieure , qui est le but principal de leurs travaux.
Mais les colonies tombent d'elles-mêmes , du moment qu'elles sont négligées : tout y est suspendu
par les hostilités , et par la cessation des exportations. Elles seraient inhabitables et inhabitées , du
moins pour l'européen , si les peuples renonçaient
tout-à-coup à leurs productions.

C'est ce qui vraisemblablement n'arrivera pas,

du moins de si-tôt. Jamais le Français ne fut moins en état de se livrer à ses goûts de superfluité, et jamais pourtant celui des productions coloniales ne parut si fortement et si universellement établi, que depuis que la masse en est diminuée, et que, pour satisfaire ce besoin, l'étranger achève d'épuiser nos ressources : mais il n'en faut pas moins conclure qu'on ne peut envisager ces riches possessions et l'Europe sous le même point de vue ; et qu'il faut user des plus grands ménagemens envers ce chef-d'œuvre d'industrie aussi frêle que productif.

L'objet de ces possessions est de fournir à leur métropole la plus grande quantité possible de leurs denrées, et de consommer en échange la plus grande quantité possible de marchandises nationales : mais la culture et l'exportation de ces denrées ne sont pas relatives aux seuls besoins de la métropole, et à sa consommation particulière. L'intérêt général consiste, non à ce qu'elle en consomme beaucoup, mais qu'elle en ait une grande masse à transmettre à l'étranger. C'est en ce point que gît la principale importance des colonies ; et c'est par-là que Saint-Domingue, devenue la première de toutes, avait mis la France en état d'avoir, à cet égard, le pas sur toutes les autres puissances maritimes. Elle lui fut constamment enviée par l'Angleterre, qui ne tendant à rien moins qu'à l'empire des mers et à l'envahissement du commerce du monde entier, vit toujours avec désespoir, entre les mains de sa rivale, une possession qui éclipsait les siennes par le double avantage de l'immensisé de ses productions et de leur supériorité reconnue.

C'est donc à lui conserver cet inappréciable avantage qu'il faut employer toute son étude et ses soins; et ce n'est qu'avec circonspection, et avec une extrême délicatesse, qu'il faut traiter des intérêts qui tiennent non seulement à la France, mais encore à tout l'univers commerçant.

Le prix des denrées coloniales françaises, et la rapidité de leur écoulement, dépendaient principalement de leur excellence et de l'empressement de l'étranger à se les procurer. Mais il n'en est pas moins vrai que, malgré la préférence qu'elles obtenaient, elles étaient soumises à un cours général, dont le taux comparé au prix d'achat, aux frais primitifs de culture et à ceux d'armement, d'assurance et d'exportation des colonies à la métropole, et de ses ports à l'étranger, réglait les bénéfices respectifs de chaque nation. Ce cours suppose une concurrence dans laquelle, avec plus d'adresse et une connaissance mieux approfondie de nos intérêts, il eût été facile de recueillir de bien plus grands avantages. Le commerce français achetait moins cher dans ses colonies, où l'exploitation était aussi moins dispendieuse; avantage que l'étranger balançait par son habileté commerciale, et par la plus grande économie dans les armemens; de sorte que si l'armateur français avait été aussi habile, aussi éconôme que l'étranger, et qu'en diminuant ses frais, il eût pu diminuer proportionnellement le prix de ses denrées, jamais celui-ci, ni ses colonies, n'auraient pu soutenir la concurrence, et Saint-Domingue fût devenu le magasin exclusif du monde (*). Définitivement, la supériorité du premier, qui eût pu s'étendre à tout, et éclipser ses rivaux, se réduisait à l'immensité des productions françaises, et sur-tout à leur perfection..... Il est question maintenant d'examiner si, d'après les changemens opérés dans les colonies, toutes les chances qui étaient ou devaient être autre-

---

(*) Le fret était dans nos colonies de 10 à 15 deniers, et de 4 à 8 dans celles de l'étranger, dont les armemens occupaient un tiers d'équipage de moins que les nôtres, et la moitié tout au plus d'officiers. Le négociant français faisait assurer à Londres, à Amsterdam &c. &c. à 20 pour 100 de moins que dans nos places. D'un autre côté, les objets manufacturés en France et importés dans nos colonies, coûtaient moins en fabrique et s'y vendaient souvent plus cher que ceux de l'étranger, et la consommation en était infiniment plus grande. Qu'on juge donc combien, avec une sage économie dont les autres nations nous offraient l'exemple, et en opérant dans ces spéculations importantes toutes les améliorations dont elles étaient susceptibles, il eût été facile de diminuer le prix de nos denrées coloniales en Europe, sans même diminuer celui d'achat sur les lieux : combien, dis-je, il eût été facile d'entraver ou d'anéantir le commerce étranger, forcé d'acheter en Amérique bien plus cher que nous, et qui ne pouvait balancer ce désavantage, que par sa parcimonieuse économie sur les frais d'armemens.

fois pour nous, ne se sont pas tournées en faveur de l'étranger.

Le prix de main-d'œuvre règle ordinairement la valeur d'une denrée ou d'un objet manufacturé (car les productions coloniales doivent être envisagées sous ce double point de vue). Lequel des deux manufacturiers peut donner sa marchandise à un prix plus modéré, de celui qui a des ouvriers pour le paiement desquels il faut qu'il sacrifie les deux tiers de ses produits, ou de celui qui, moyennant des soins et quelques frais peu coûteux, est en droit d'exiger des siens un travail habituel et gratuit ?

Selon un usage uniformément établi dans toutes les Antilles, le Colon de Saint-Domingue se procurait le nombre d'ouvriers nécessaires à sa manufacture, qu'il payait comptant s'il en avait les moyens, ou que plus souvent il obtenait à de longs termes, sans intérêts, à moins de considérer comme tels le surhaussement de prix, qui était la seule condition mise à cette faveur : de sorte qu'avec de l'activité et un peu de bonheur, il retirait un bénéfice considérable d'un objet dont il n'avait pas encore remboursé le capital, et qui souvent lui avait rapporté au-delà de sa valeur, avant d'en avoir payé le premier denier. S'il réussissait, il se libérait en tout ou en partie, et obtenait de nouvelles avances : s'il ne réussissait pas, il ne payait pas, vu que l'acquit de ses engagemens était sensé subordonné à ses succès ; et son inexactitude n'était pas toujours une raison qui l'empêchât d'obtenir encore les moyens de faire de nouvelles tentatives. Telle est une des principales causes de l'étonnante prospérité d'une colonie, aux accroissemens de laquelle tout semblait concourir, jusqu'aux abus même. Mais, dira-t-on, un abus, quelqu'avantageux qu'il soit à ceux qui savent en profiter, a aussi ses désavantages : sur qui retombaient-ils ? sur personne. Tout le monde y gagnait, Colons, négocians, et en dernier résultat, la métropole. Le négociant faisait un gros bénéfice sur l'esclave vendu au Colon, qui en était dédommagé par les produits de sa culture, par la lenteur des paiemens, et par la facilité de les éluder. Le premier n'avait pas un profit moins certain, soit en vendant comptant, soit en balançant par une forte augmentation les désavantages d'une longue attente, soit enfin par les bénéfices des retours et de l'exportation des denrées coloniales : et rien ne le prouve mieux, que de dire, pour couper court à toute objection, que soit dans le commerce, soit dans l'agriculture, on vit une multitude de fortunes immenses s'élever, et rarement, jamais peut-être, une seule se détruire.

Outre que l'introduction des noirs était la branche la plus productive des liaisons de la métropole avec la colonie, n'envisageons un moment sa cessation que du côté de ses rapports avec les autres possessions européennes. Elles existent toujours sur le même pied, régies par les mêmes usages, tandis qu'à Saint-Domingue tout est diamétralement changé. Le Colon français, loin d'avoir comme autrefois la stimulante perspective des bénéfices à faire avec des avances obtinues à des conditions douces, et d'une fortune à élever avec la seule ressource de son industrie, sera au contraire forcé de payer des intérêts énormes et écrasans, pour un capital qu'il n'aura pas reçu, ou plutôt pour celui dont il aura été dépouillé. Ceci s'explique, en rappellant qu'il était libre autrefois d'augmenter sans cesse le nombre de ses cultivateurs, dont il lui était facile de payer le prix avec une partie des avantages qu'il en retirait et qui lui appartenaient en totalité ; et qu'aujourd'hui, on lui enlève de fait la valeur de son mobilier, en même-tems qu'on le réduit au tiers de ses revenus : car c'est une perte capitale et inappréciable, que celle d'un attelier dont la valeur formait presqu'en totalité celle d'une habitation, puisque tout le reste, tel que le sol et les établissemens, n'était estimé qu'en proportion des forces. Ainsi le Colon français, supposé qu'on lui laisse la libre disposition de sa terre après l'avoir dépouillé de ce qui la faisait valoir, sans aucun dédommagement, se trouve réduit à une possession inutile ; il ne pourra plus du moins soutenir la concurrence du planteur jamaïcain, qui continuera de jouir des avantages d'un régime commun à tous les deux autrefois ; c'est-à-dire, de tous les moyens qui facilitent la culture, et d'un attelier nombreux et toujours prêt, au moindre signe, à seconder toutes ses entreprises.

Il semble qu'il ne faut pas un long raisonnement pour faire sentir cette énorme inégalité d'avantages ; et qu'il résulte de l'examen de la position respective des deux planteurs anglais et français, que celui-ci, pour se tirer d'affaire, et pour retirer quelque fruit de ses travaux, sera forcé de surhausser le prix de sa denrée. Mais comment pourrait-il y parvenir, étant en concurrence avec le premier, qui, n'ayant éprouvé aucun dommage ni été soumis à aucun sacrifice, continuera de vendre la sienne au même prix, et pourrait même, sans se porter un préjudice considérable, le diminuer, ne fût-ce que pour consommer la ruine de son rival.

Mais il y a mieux : il est aisé de se convaincre, d'après un léger examen du cours ordinaire des choses, que ce n'est pas celui qui recueillerait moins, mais bien celui qui recueillerait plus, qui parviendrait, outre l'avantage de la quantité, à obtenir une augmentation de prix. Il ne faut que se rappeller ce qui précède, et appliquer à l'état actuel de Saint-Domingue les causes anciennes de sa propre splendeur. Elle prédominait sur les autres colonies, par la masse immense de productions que cultivait une population nombreuse : ses denrées furent constamment à un prix bien supérieur, à celui, par exemple, des isles françaises du Vent, quoique la proportion de ses produits fût aux leurs réunis comme cinq à un. Cet avantage résultait de cette même abondance qui y attirait le plus grand nombre de vaisseaux de la métropole, non par l'espoir d'y obtenir les denrées à meilleur compte ; ils savaient le contraire d'avance, mais par la certitude inappréciable d'y trouver la vente prompte et assurée de leurs riches cargaisons, et de pouvoir s'y charger sur-le-champ en retour, soit pour leur compte, soit pour celui des particuliers, selon le cours des affaires et les avantages qu'il y avait pour eux à espérer. De sorte que, de manière ou d'autre, l'armateur était sûr de la rentrée de ses fonds, et presque toujours d'un bénéfice certain ; et il ne courait pas le même risque qu'ailleurs, de se constituer en d'énormes dépenses par les frais de magasinage, par les retards dans l'expédition de ses navires pendant des tems longs et indéterminés, comme aux isles du Vent, où il fallait souvent attendre et s'industrier, soit pour le débit des marchandises d'Europe, soit pour obtenir avec peine les denrées qu'on trouvait à Saint-Domingue sur-le-champ.

Maintenant cette colonie ne saurait être, et bien s'en faut, à l'égard de la Jamaïque, ce que la Martinique et la Guadeloupe étaient au sien : car ces possessions françaises, qui ne pouvaient lui être comparées, et que le commerce négligeait pour elle, produisaient néanmoins beaucoup ; elles jouissaient des mêmes moyens qui la faisaient fleurir, et n'étaient

pas

pas réduites à son état actuel de ruine et de désorganisation. Privée de la plus grande partie de ses bras, et n'ayant à attendre de ce qui reste qu'un travail insuffisant et précaire, Saint-Domingue doit nécessairement descendre au niveau de ses ressources présentes, et prendre le rang qu'elles lui assignent parmi les colonies qui l'environnent. L'industrie y est éteinte; l'activité, cette activité merveilleuse qui enfantait des miracles, en a disparu sans espoir de se relever; elles iront vraisemblablement se réfugier dans les Antilles étrangères, qui, n'ayant rien perdu à cet égard, s'élèveront d'autant par la chûte de celle qui les éclipsait toutes, et sur-tout en attirant dans leur sein les talens qui la rendaient si florissante, et qui ont été forcés de fuir loin d'elle. Le commerce, qui craint l'incertitude, et qui accourt toujours du côté où il espère trouver des ressources assurées, abandonnera Saint-Domingue pour accourir aux lieux où il saura qu'elles existent.

Vainement on m'objectera que les nationaux, à qui des loix prohibitives ferment l'accès des possessions étrangères, seront forcés d'aller commercer dans ses ports : oui, sans doute, s'ils y étaient attirés par des avantages certains ou au moins probables. Le négociant, qui n'opère que pour gagner, règle ses spéculations sur les bénéfices à espérer et sur la certitude plus ou moins assurée du succès. De même qu'il dirigeait ses opérations, par préférence vers Saint-

Domingue lorsqu'il y avait de grands profits à faire, il y enverra peu, s'il y a peu, et point du tout, s'il n'y a rien à gagner.

Tout doit être interverti désormais dans le rang que les Antilles occupaient entr'elles, et dans lequel la première place était si peu disputée à Saint-Domingue, que c'est d'elle que les autres tiraient une partie de leur éclat. C'est de cette source inépuisable que les Danois, les Hollandais, les Anglais même empruntaient clandestinement une partie du chargement de leurs navires. La fertilité de son sol, et l'industrie de ses cultivateurs étaient telles, que quoique ses denrées, notamment ses sucres, fussent renommés par leur supériorité sur tous les autres, ils se vendaient douze pour cent meilleur marché que dans les colonies Anglaises ; soit que dans celle-ci, les frais d'exploitation fussent plus considérables et le sol moins fécond, soit que l'art n'y fût pas parvenu à simplifier également ses opérations. De sorte que les interlopes jamaïcains ne cessaient d'entretenir une correspondance active avec les côtes françaises de l'ouest et du sud, et enlevaient habituellement une quantité immense de denrées, et surtout d'indigo, pour profiter du bénéfice qu'il y avait à faire chez eux, ou de la prime d'encouragement que le gouvernement Anglais accordait aux exportations de ses colonies. C'était un abus préjudiable à la France et à sa colonie, quoiqu'une multitude d'autres avantages le rendissent presqu'insensible ; et il n'eût pas existé, si le négociant français eût été aussi habile, aussi actif et aussi économe que l'étranger. Il prouvait du moins qu'elles étaient les ressources de Saint-Domingue, et quelle vaste influence elle devait procurer à la puissance qui en pouvait disposer....

Le rapprochement des rapports particuliers des possessions européennes entr'elles, s'applique aux rapports généraux, et est suivi des mêmes conséquences : si la colonie qui vivifiait le commerce français est déchue, il doit décheoir également ; elle sera pour lui selon qu'elle se relèvera ou qu'elle achèvera de s'anéantir, le thermomètre de son existence. Il ne faut pas perdre de vue que toute son importance consistait, non en ce qu'elle fournissait abondamment aux jouissances des habitans de la métropole, mais en ce que par l'immensité de ses productions, elle mettait la France en état de porter l'enchère dans tous les marchés de l'Europe, et d'y obtenir une préférence marquée par leur perfection. La chance a tellement tourné, que non seulement elle a perdu ce précieux avantage ; mais encore, elle sera forcée d'aller demander à ceux qu'elle pourvoyait autrefois, la quantité ou une partie des denrées coloniales nécessaires à sa consommation. Le présent même est une preuve qu'il n'y a rien d'exagéré dans ma prédiction. Dans notre état de guerre avec l'Angleterre, après avoir épuisé les amas qui en avaient été précédemment faits au sein de la métropole, et dont par la plus étrange violation des droits les plus sacrés de la propriété on a disposé d'une manière aussi inconsidérée qu'injuste, nous sommes réduits à consommer un mauvais reste de nos magasins, et une énorme quantité de sucres anglais importés par les neutres, avec un bénéfice tel que cette denrée ne l'obtint jamais. Il y a plus : nous rachetons, sous le nom de sucre de Hambourg, et à un prix exorbitant, les mêmes denrées coloniales que l'étranger tenait primitivement de nous, et à un prix plus que modéré. Nous voilà donc à la fois privés de la concurrence et des bénéfices d'une masse prodigieuse de productions coloniales, et forcés de faire de douloureux sacrifices pour obtenir celles qui sont nécessaires à notre propre usage. Saint-Domingue seul fournissait à l'Europe la moitié de celles qu'elle consommait : il ne résultera de la diminution subite, ou peut-être de la disparution totale de cette masse énorme, qu'un renchérissement qu'il est impossible de déterminer : les colonies étrangères verront doubler et tripler rapidement le prix de celles qu'elles produisent, par l'anéantissement d'une concurrence quelles ne pouvaient soutenir, et qui désormais n'existera plus.

Qu'on n'aille pas s'imaginer que ce soit un désavantage momentané et inséparable de notre position et de la guerre que nous soutenons contre l'Europe entière. C'est à nous-mêmes, et non à nos ennemis, c'est à notre aveugle imprudence, et non à leurs efforts que nous devons la perte d'une ressource que l'univers soulevé n'aurait pu nous arracher : c'est par l'opiniâtreté avec laquelle on s'acharne aux causes premières de notre dénûment, que ni la paix ni l'avenir ne pourront diminuer notre misère. Un changement de circonstances ne fera que joindre à la perte de la réalité, celle de l'espérance. Je le répète, c'est nous-mêmes qui sommes les artisans de notre propre infortune ; et s'il existe un remède, c'est en nous-même que nous devrions le chercher. Considérée en elle-même, ou dans ses rapports avec le commerce européen, Saint-Domingue ne peut manquer de déchéoir de plus en plus, et de tomber enfin dans l'abîme de l'oubli et de l'inutilité, si on ne se hâte de lui tendre une main secourable et puissante, au lieu de ces prétendus tempéramens, qui ne sont propres qu'à aggraver ses maux.

La paix, cette paix si ardemment desirée, une fois conclue, qu'y a-t-il donc tant à espérer ? Croit-on qu'il ne s'agisse que de se présenter à Saint-Domingue pour y renouer, comme autrefois, des liaisons que les évènemens n'ont fait que suspendre ? pense-t-on que le commerce y trouvera du moins, une immensité de denrées accumulées pendant la guerre, et dont le produit servira à préparer les moyens d'en obtenir de nouvelles ? Non ; cette colonie est un chêne, abattu dont chacun s'est hâté de s'approprier les branches ; et de toutes les nations qui ont eu part à ses débris, le Français est le seul qui n'en ait pas profité. L'Anglais, maître des seules contrées encore intactes, ou exemptes d'une partie des malheurs qui ont anéanti les autres (car il faut qu'on sache que c'est-là uniquement qu'il a cherché à étendre sa domination, et qu'il a négligé de s'emparer du reste où il n'y a rien à recueillir), l'Anglais s'est empressé d'enlever toutes les denrées rassemblées dans leurs ports, tandis que les Anglo-Américains, les Danois, ou plutôt les Anglais eux-mêmes, sous le pavillon de ces neutres, recueillaient à vil prix le peu qui pouvait encore se trouver dans les embarcadaires des pays soumis aux noirs. Tant que la guerre durera, ils conserveront leurs conquêtes, pour en tirer tout ce qu'ils pourront ; et à la paix, ils les abandonneront sans regret, comme inutiles pour eux et pour ceux qui viendront les y remplacer.

Dès que l'accès en sera r'ouvert pour nous, quel objet y pourra attirer le négociant français ? Sera-ce pour y raviver l'industrie coloniale, et pour y prodiguer ces secours, ces encouragemens qui la tirèrent autrefois du néant?....Que pourrait faire à cet égard le commerce national, qui est réduit à un état presqu'aussi déplorable que la colonie elle-même ? Ira-t-il y former des spéculations nouvelles ? Eh ! sur quoi seraient-elles fondées, soit en Europe, soit en Amérique ? Dans l'état de relâchement et d'inertie ou les évènemens ont réduit nos manufactures et nos liaisons intérieures ou extérieures, le négociant le plus accrédité pourrait à peine rassembler en ce moment les divers objets dont se compose une cargaison propre à la colonie de Saint-Domingue. D'un autre côté, ne produisant rien ou presque rien, elle ne pourrait lui en payer la valeur, ou ne le ferait qu'avec une lenteur ruineuse, et aussi funeste à l'armateur que la perte d'une partie de ses capitaux. Or les ressources qu'elle offrait au commerce ne sont pas moins nécessaires pour le retirer de son état de stupeur et d'engourdissement, que les efforts de celui-ci ne le sont pour coopérer au rétablissement de la colonie, et pour ranimer son activité et son ancienne industrie.

Il est donc évident que le commerce et la colonie, qui n'étaient rien l'un sans l'autre, sont tombés respectivement dans le même degré d'impuissance, et que les rapports d'intérêt qui les unissaient n'existent plus, ou sont extrêmement affaiblis. Ici tous les ressorts sont détendus par l'extinction des motifs, ainsi que des moyens qui les faisaient mouvoir : l'agriculture est anéantie par la destruction de son principal véhicule, et du systême qui en était la base. Cet édi-

fice brillant, construit par l'ambition, la cupidité, et
par ces passions qui élèvent souvent l'homme au-dessus de lui-même, s'écroule du moment qu'il ne leur
présente plus rien capable de les satisfaire. En un mot,
la culture coloniale tomberait faute de bras, quand
elle ne serait pas ensevelie sous des décombres, et
quand même on n'aurait pas désorganisé et rompu
avec violence tout ce qui servait à assurer son existence
et son maintien.

Envisagée par rapport aux autres colonies, Saint-
Domingue, ruinée et dénuée de tout, ne saurait entrer
en concurrence avec des possessions étrangères, qui,
heureusement exemptes des convulsions qui l'ont déchirée, jouiront constamment des mêmes avantages,
et n'éprouveront d'autre changement que de s'enrichir
de ses dépouilles, et de voir donner une valeur nouvelle à leurs productions : elles n'auront plus à craindre
une rivale qui les éclipsait toutes. Eh! qui sait si cette
colonie malheureuse, abandonnée un jour par la
France à cause de son inutilité, n'est pas destinée à
leur fournir tôt ou tard ces mêmes esclaves qu'on va
maintenant demander à l'Afrique, et que les Européens des Antilles trouveront bien plus avantageux
et plus commode d'aller demander à leurs féroces
voisins !

Considérée relativement à la métropole, Saint-
Domingue ne pourra plus désormais remplir l'objet
auquel elle est destinée, soit qu'elle éprouve les

nouveaux déchiremens qu'il est impossible de ne pas prévoir, soit qu'on parvienne à y établir l'organisation projettée. Dans tous les cas, même les plus favorables, elle ne sera jamais qu'un objet à charge et incapable de payer les dépenses que coûtera son inutile possession. Ce ne sera plus ce vaste débouché qui absorbait tout ce que l'industrie nationale créait de plus précieux , et dont la consommation était telle, que tous les efforts de nos manufactures pouvaient à peine y suffire : ce ne sera plus cette riche contrée dont les rapports commerciaux nécessitaient une marine immense , et étaient l'école où une multitude d'hommes de mer allait se former : ce ne sera plus enfin la colonne de la puissance extérieure de la France , et la source réparatrice de ses pertes. Avec elle tombent nécessairement une foule de relations que la métropole entretenait avec l'univers entier , et dont elle était l'objet direct ou indirect.

Le commerce des colonies tenait à l'Europe par la consommation du sucre , du café , du coton et de l'indigo , et à la France en particulier, par ses vins , par ses fabriques de draps , de toiles , de soieries , d'huiles , et par tout ce qui provient des arts vraiment utiles. Il tenait à l'Amérique septentrionale par les bois à bâtir , par les troupeaux , par les salaisons , les pêcheries , et les subsistances que Saint-Domingue en recevait, et qu'elle payait

avec des tafias , et des melasses inutiles à la métropole : à l'Amérique méridionale et aux possessions espagnoles , par l'introduction interlope des
marchandises françaises , par l'extraction des chevaux
et mulets nécessaires aux manufactures , et par l'or
et l'argent qu'elles ne cessaient d'envoyer dans la
colonie : à l'Asie, par les drogues médicinales et
les fruits secs du levant, par les toiles blanches ou
peintes de la Perse et de l'Indoustan , par les
épiceries des Moluques , et par les porcelaines de
la Perse et du Japon : ce commerce tenait enfin à
l'Afrique par la traite des noirs importés aux colonies , et presqu'entièrement payés sur les lieux
avec des marchandises sorties des manufactures françaises. Toutes ces différentes branches étaient une
source abondante et inépuisable de bénéfices pour
le commerce national , et avaient pour base principale les productions coloniales , qui en donnant
aux affaires le mouvement le plus rapide , occasion-
naient non-seulement la prospérité de la France ,
mais encore celle du monde entier.

Maintenant plus de liaisons avec l'Europe, l'Asie,
et l'Afrique ; pas même la moindre partie de celles
qui existaient avec la métropole : tout est anéanti,
anéanti pour jamais!... Mais qu'est-ce qui empêcherait de les renouer dans des tems plus heureux?... Je l'ai déjà démontré ; ce ne sont point
ici les simples effets, tels qu'on les éprouva à di-

verses époques , d'une guerre qui obstrua seulement les communications entre la France et sa colonie , et qui ne faisait que suspendre ou rallentir momentanément leurs rapports : c'est un fléau qui s'est appesanti non sur une partie des moyens de leur prospérité mutuelle , mais qui s'attachant directement à leur source , l'a desséchée jusques dans son principe. Tout serait facile à réparer , si Saint-Domingue avait les mêmes facultés pour produire ; tout est perdu du moment qu'elles n'existent plus ; et tout ce système brillant dont cette colonie était le soutien , s'écroule nécessairement par la seule diminution des productions qui en étaient l'aliment.

On sent facilement que les nations étrangères doivent succéder à la France dans tous les avantages qu'elle a perdus : l'Angleterre , cette éternelle et ambitieuse ennemie , n'a désormais plus rien à desirer : elle est en possession de la seule branche de commerce qui lui restât à ambitionner. Commandant déjà en arbitre suprême sur tous les points connus de l'univers, elle aura , sans concurrence dans tous les marchés de l'Europe , une supériorité que la France seule pouvait autrefois lui disputer : les moyens de l'obtenir lui seront fournis par ses colonies des Antilles , enrichies des débris et de la misère de leur rivale , et qui délivrées de cette concurrence incommode , accroîtront rapidement leur culture et leur industrie , à mesure qu'elles verront leurs succès s'augmenter, et leurs productions doubler et tripler de prix par l'effet infaillible du vide immense occasionné par la disparution subite de celles que Saint-Domingue fournissait : leur métropole deviendra la dispensatrice des denrées précieuses de l'Amérique, comme elle l'est déjà de celles du reste du monde ; elle dominera sur ces mers, comme elle domine sur toutes les autres ; et la seule puissance qui lui portât ombrage, n'ayant plus ni commerce ni moyens de le relever, l'Angleterre n'aura plus à craindre à l'avenir ces alarmantes résurrections de la marine française, qui, graces au commerce colonial, reparut souvent plus brillante au moment où on la croyait anéantie.

Quelle sera alors la position de la France ? Comptera-t-elle, pour conserver son rang dans le système politique, sur ses ressources intérieures ? S'attachera-t-elle à faire fleurir dans son sein, ces manufactures et ces arts auxquels elle fut souvent redevable de cette influence que sa puissance matérielle ne put quelquefois lui assurer ? Les tems ne sont plus où les peuples, que son industrie rendait ses tributaires, ne songeaient pas même à l'imiter : le génie français a fait par-tout des élèves non moins et souvent plus habiles que leurs maîtres. Eh ! que sont, au surplus, les arts et les manufactures sans les richesses qui les alimentent?

Que seront-ils sans ces possessions opulentes , dont les progrès furent la mesure des leurs , et qui étaient depuis long-tems leur plus ferme soutien , par les ressources qu'elles ne cessaient de leur fournir , et plus encore par le débouché vaste et avantageux qu'elles offraient à leurs productions ?

Quel est donc le but de ce système de destruction , si opiniâtrement suivi ? Est-ce de favoriser les projets ambitieux de nos voisins , ou bien d'appauvrir la France pour faire de ses habitans un peuple de Spartiates ? Environnée d'états où brillaient tous les avantages du commerce , de l'opulence et du luxe , une contrée de l'Europe à laquelle nulle autre ne peut être comparée , sera-t-elle réduite à l'expédient des lois somptuaires , pour réformer ses usages et pour rétablir l'équilibre entre sa dépense et sa position actuelle ? Faudra-t-il qu'elle renonce non-seulement à sa prépondérance extérieure , mais encore à tout ce qui répandait l'aisance et le bonheur jusqu'aux dernières classes de sa population ? Peut-être a-t-on cru que le seul moyen de changer les mœurs et les inclinations d'une nation livrée dès long-tems à la corruption, était de la priver de tout ce qui pouvait l'y ramener. Un grand homme a dit qu'il en est de la vertu comme de la liberté , et qu'un peuple corrompu ne peut redevenir vertueux que par un enchaînement de malheurs et de déchiremens , tels qu'il n'est pas permis de les prévoir ni sur-tout de les desirer.... Il peut se faire que sur sa parole on n'ait pas craint de s'engager dans les périls d'un essai, et que le résultat promis ait paru au-dessus de tous les sacrifices. Le passé et le présent ne se rapportent-ils pas parfaitement à cette idée ? Car quel autre but supposer à ceux qui ont employé coup sur coup les moyens les plus inouïs, et qui après avoir desséché jusqu'aux racines l'arbre des ressources intérieures, se sont efforcés avec la même ardeur à anéantir celles du dehors ? Voyez la France épuisée, bouleversée et plongée dans la barbarie ; voyez ses colonies ensanglantées, ses arts éteints, son commerce anéanti ; n'est-ce pas là un véritable cahos, duquel il ne reste plus qu'à voir sortir une nation régénérée et nouvelle ? Ses mœurs épurées au creuset du malheur ne doivent-elles pas s'améliorer par la disparution de tout ce qui servait à les dépraver ? Si l'influence secrète de l'étranger n'a pas tout dirigé, voilà sans doute le plan qui a été formé : car l'esprit se refuse à croire qu'on puisse, sans objet, détruire et opérer des bouleversemens, parmi lesquels il est facile de distinguer ceux qu'a entraînés le torrent des circonstances, de ceux qui sont le résultat d'un systême combiné de destruction.

Il est des évènemens que toute la prudence humaine ne pouvait prévenir, ni peut-être prévoir ;

mais il en est d'autres qui sont l'effet d'un plan combiné et suivi avec une constance opiniâtre. Si le des-
sein de ceux qui l'ont conçu a été de s'environner de
ruines, et de dominer par l'affaiblissement de tout ce
qui pouvait leur opposer quelqu'obstacle, ils ont parfaitement réussi : mais si, comme je l'ai déjà observé,
le but des épreuves auxquelles ils ont progressivement
soumis une nation corrompue, a été de changer ses
mœurs, et de lui donner de nouvelles inclinations ,
il y a tout lieu de croire qu'ils sont dans l'erreur, ou
qu'ils s'y sont mal pris. Quels que soient les excès affreux dont les dernières époques de l'histoire moderne
ont fourni l'exemple, j'aimerais à m'attacher à ce sentiment, et à n'être pas réduit à l'affligeante nécessité
de ne voir par-tout que crime et scélératesse : je vou-
drais pouvoir rejeter sur la force des choses et des
circonstances, ce qui, selon toute apparence, n'appartient qu'aux efforts de l'intrigue. Il est en effet
possible de croire que des motifs bons en eux-mêmes,
et des intentions pures, ont souvent eu l'initiative des
évènemens les plus désastreux ; et qu'il est un grand
nombre d'hommes qui se sont laissés entraîner
moins par des vues criminelles en soi, que par
une métaphysique trompeuse, et par de fausses connaissances du cœur humain ; ou qui, séduits par les
exemples de l'antiquité, n'ont pas vu ce qui s'oppose
aujourd'hui à leur application. Leur imagination ,
égarée par de vaines idées de perfection sociale , n'a

pas su distinguer la différence des tems : ils n'ont pas senti que ce qui affaiblissait autrefois les états, en fait aujourd'hui la force ; que les peuples anciens et les peuples modernes ne sont pas la même chose, et doivent être régis par des principes différens. Une erreur en entraîne bientôt une autre : emportés tour-à-tour par l'enthousiasme du premier succès, et par l'opiniâtreté qui naît de la résistance, ils ont dépassé, sans s'en appercevoir, les bornes mêmes qu'ils s'étaient d'abord prescrites : enfin, dominés par des évènemens qu'ils n'avaient pas même prévus, et effrayés par le danger de revenir sur leurs pas, ils ont préféré de s'élancer dans les partis les plus extrêmes, où les ont successivement entraînés ces esprits ardens, qui, dans de semblables circonstances, s'arrogent toujours le droit de tout diriger, et sur lesquels le grand nombre se repose ordinairement du soin de le conduire à travers ces écueils dangereux. Tel est, peut-être, le principe des bouleversemens inouis arrivés en France, et de ceux plus affreux encore, dont Saint-Domingue a été le théatre : telle est la cause de la guerre acharnée faite successivement à la richesse, au commerce, à l'industrie, aux arts et à tout ce qui constitue la force des empires modernes.

Mais enfin, qu'est-il arrivé ; quel a été le résultat définitif de tant de désastres ? A-t-on voulu détruire des abus ? Les anciens ont resté ensevelis, il est vrai, sous les ruines de l'édifice auquel ils tenaient, mais

ils

ils ont été remplacés par une multitude innombrable d'autres plus déshonorans. A-t-on entendu nous ramener à la simplicité primitive des Grecs et des premiers Romains ? Jamais les mœurs ne furent plus gangrenées. A-t-on voulu extirper un luxe utile par ses effets, et mettre des bornes à l'extrême inégalité des richesses ? Eh bien ! le droit sacré de propriété, cette base fondamentale des sociétés, sans laquelle tout n'est que confusion et anarchie, a été violé au point qu'il n'y a plus qu'un pas à faire pour arriver à la loi agraire, cette loi favorite des brigands, cette loi dont certains hommes n'ont pas abandonné l'idée, et dont se flatte encore en secret une multitude aveuglée ; et l'ancien luxe a été remplacé par un luxe d'autant plus révoltant, qu'il est en opposition avec la plus affreuse misère.

Allez, zélateurs de la philantropie ! vous qui vous attendrissiez si vivement sur des maux que même vous ne connaissiez pas : parcourez les lieux qui ont un droit plus direct à votre sollicitude, et considérez si les fausses images dont votre imagination se remplissait, sont à comparer aux calamités trop réelles qui vous environnent : voyez la multitude manquant de tout, et l'homme de bien, celui qui au sein de la médiocrité, était le modèle des vertus et l'exemple de la modération, expirant de besoin aux yeux de ses spoliateurs ; de ceux qu'aucun respect humain, ni même

Tome II.   E

la crainte de l'avenir ne peuvent empêcher de jouir insolemment en présence de leurs victimes, du fruit de leurs crimes ou de leurs déprédations : voyez de toutes parts des malheureux s'arrachant une existence qu'ils ne peuvent plus soutenir, en maudissant mille fois ces prétendus avantages dont vous les flattiez, et qui ne les empêchent pas de mourir de faim ! Comment se peut-il que vous paraissiez si froids, si insensibles à ce spectacla déchirant, vous qui sembliez si profondément indignés au seul récit de maux éloignés ? rejettez tout sur les circonstances; ne cessez de proclamer que ce sont des résultats inséparables d'une révolution..... Moi qui vis la nôtre avec non moins d'enthousiasme que vous, mais peut-être avec des intentions plus pures; moi, qui ne la considérai jamais comme une arêne où chacun pourrait se livrer sans contrainte à ses passions et à ses fausses idées, je répéterai éternellement que c'est à vous qu'appartient l'honneur de ces bouleversemens qui l'ont accompagnée, et qui ont converti en une époque désastreuse pour l'humanité, ce même évènement dont l'aurore l'avait remplie d'espérance : c'est à vous seuls que l'on doit le dépérissement des ressources nationales. Si vous n'aviez pas sappé jusqu'aux fondemens la plus brillante colonie de l'univers ; si vous n'aviez pas, en un clin-d'œil, tari la source abondante de richesses, qui de l'Amérique coulait dans le sein de la France, un peuple malheureux ne connaîtrait qu'une légère partie des maux auxquels il paraît condamné, et dont il est impossible de prévoir le terme.

Certes, il est vrai qu'il ne fallait rien moins qu'une violente secousse pour opérer une révolution morale chez le peuple le plus civilisé, comme le plus corrompu de l'univers : mais quel a été le succès d'une guérison entreprise par des mains présomptueuses et inhabiles ? La force politique de la France est visiblement affaiblie : elle n'a plus que la vigueur d'un malade transporté par le délire d'une fièvre brûlante : son tempéramment, épuisé par la violence des remèdes, s'il résiste à ces rudes épreuves, fait craindre du moins les dangers d'une convalescence longue et incertaine : mais quel est donc le bien qui en résulte au moral ? Qu'ont produit en réalité ces mots si complaisamment répétés de justice, mœurs, probité ! Je le demande à tout homme impartial : si la masse de la population française a perdu quelque chose, est-ce une partie de ses vices, ou bien les vertus qui la distinguaient encore au milieu même de son ancienne corruption. Si du sein de la France nous nous reportons aux Antilles, et que nous considérions l'effet que ces bouleversemens ont produit sur la manière d'être des hommes qui en ont été les instrumens, quel est le changement qui s'est opéré en eux ? Sont-ils devenus meilleurs, et même sont-ils en effet plus libres qu'ils n'étaient ? Non ! Ils n'offrent que le spectacle de la fureur et de l'avilissement le plus profond , auquel un peuple dégagé de tout frein puisse atteindre : leurs anciens fers sont brisés , mais l'horrible anarchie qui a succédé pour eux à une servitude laborieuse et paisible , ne peut tarder à les précipiter dans des fers plus pesans , et non plus allégés par les douceurs qu'ils goûtaient autrefois. Dans les colonies , comme dans la métropole , tout va à contre sens des espérances dont on s'était flatté; beaucoup de ces guérisseurs politiques ont éprouvé à leurs dépens, qu'il est plus facile de remuer les passions que de les diriger ou de les comprimer à volonté , et leur exemple aurait bien dû apprendre à ceux qui leur ont survécu , que l'effet des évènemens finit toujours par retomber sur ceux qui les ont occasionnés : si les résultats ont trompé leurs calculs en morale , ils semblent ne pas moins ignorer quel est l'empire des usages , des habitudes , ou attacher bien peu d'importance à la considération des rapports qui unissent aujourd'hui les peuples entr'eux.

Quoiqu'il en soit , pour opérer de grandes réformes dans un état , il faut l'envisager non exclusivement en lui-même , mais par rapport aux autres états qui l'environnent. Un peuple entouré de nations puissantes et actives , ne peut désormais se borner à être simplement guerrier et agricole , sur-tout s'il a l'avantage de posséder au dedans et au-dehors des productions qui lui fournissent la faculté de s'étendre. Outre qu'il est plus qu'incertain qu'on puisse opérer en lui un pareil changement ; c'est-à-dire le faire renoncer à ses goûts , et le rendre aussi frugal qu'il était intempérant , aussi contempteur des richesses qu'il en était avide ; il faut encore prévoir et obvier au dégré d'affaiblissement où cette révolution ne peut manquer de le réduire vis-à-vis des autres. Tel est pourtant le danger dans lequel la France se trouve engagée , sans espoir de rien gagner d'un autre côté. Epuisée par de long déchiremens ; pauvre au milieu de la richesse , ses mœurs se sont de plus en plus dépravées , et elle marche d'un pas rapide vers un état d'impuissance qu'on parait s'efforcer de préparer de plus en plus, plutôt que de le prévenir. Au lieu de recourir aux moyens de ramener son ancienne splendeur , il semble que tout concoure à seconder les vœux de ses plus cruels ennemis , en l'entraînant dans un abîme de misère : car sous quel autre point de vue envisager les étranges opérations qui se sont succédées , et les coups redoublés portés dans le même tems à son industrie, qui était fondée sur un commerce brillant , à ce commerce qui ne se soutenait que par nos riches colonies , et à ces colonies qui n'existaient que par des appuis auxquels on s'est hâté d'appliquer la hache destructrice.

E 3

L'ignorance des convenances locales, la manie ridicule et funeste de vouloir faire un rapprochement entre des époques séparées par une longue suite de siècles, et d'atteindre à la perfection lors même que le simple bien échappe à nos recherches, ont concouru à tout bouleverser. Une théorie captieuse et irréfléchie a eu pour objet d'appliquer les mêmes principes non-seulement aux peuples modernes les plus différens entr'eux, mais elle a encore voulu aller chercher dans l'antiquité les règles de la conduite qu'on devait tenir aujourd'hui ; ou plutôt on en a emprunté tout ce qui flattait les passions, et on a soigneusement rejetté tout ce qui pouvait servir à les reprimer. Quoi qu'il en soit, on n'a pas senti que les plus belles lois en théorie échouent souvent dans l'application ; et quelqu'identiques que soient en tout tems et en tous lieux les principes de la morale, il est néanmoins des choses qui purent être excellentes autrefois en pratique, et qui ne le sont plus maintenant. Cette observation est sur-tout fondée et incontestable en politique et en fait de gouvernement. Des mœurs, des préjugés différens, une manière de voir nouvelle, ont en quelque sorte changé le but des législations, qui, basées autrefois sur d'autres principes, ont changé depuis de direction au gré de la révolution qui s'est progressivement opérée dans les idées et les intérêts modernes. Les législateurs anciens n'avaient pour objet que les vertus privées : c'était sur elles, c'était sur la frugalité, sur la pauvreté même, que la plupart fondèrent leurs institutions sociales, et qu'ils firent consister le bonheur des peuples. Aujourd'hui, la vertu n'est plus en politique qu'une belle chimère, qu'un mot aussi insignifiant, aussi vide de sens, que fastueusement proclamé. L'or, ce métal précieux et corrupteur, a pris sa place, et s'est emparé des honneurs qui n'appartenaient qu'à elle seule, et la morale même s'est vue forcée de fléchir devant cette idole universellement adorée. L'homme, ou le peuple le plus riche, est aujourd'hui ce qu'était autrefois le plus sobre et le plus vertueux. Les mêmes noms n'expriment plus les mêmes choses : s'il existe encore des états qu'on appelle républiques, la vertu n'en est plus le fondement indispensable. Là, plus que dans tout autre gouvernement, l'industrie, le commerce et la richesse sont les ressorts qui font tout mouvoir : c'est le point duquel tout part, et le centre auquel tout se rapporte. Nonobstant les ressources territoriales et la population qui étaient autrefois la seule mesure de la puissance, les états les plus prépondérans sont aujourd'hui ceux qni remplissent le mieux cè but ; et il n'est pas rare de voir des empires qu'on regarde comme formidables, réduits, pour soutenir leur grandeur gigantesque, à se faire soudoyer et à servir les intérêts d'états bien moins populeux, mais plus riches qu'eux en commerce et en activité industrielle.

Ainsi le négoce, qui était le rebut des peuples

antiques, et le luxe qui en était regardé comme le fléau, sont devenus les plus fermes bases de la prospérité des modernes et l'aliment de leur félicité. C'est en vain qu'on tenterait d'extirper ce mal, supposé que c'en soit un, et qu'il ne soit pas compensé par ses innombrables avantages : il est devenu d'autant plus indestructible, qu'il s'est étendu à la fois chez toutes les nations, et qu'il a formé, malgré leur jalousie réciproque, un tel accord d'intérêts entre elles, que pour opérer à cet égard un changement avantageux et durable chez l'une, il faudrait l'opérer également chez toutes : mais comment y parvenir ? La France a beau s'appauvrir, son gouvernement a beau anéantir tout ce qui servait à lui assurer le premier rang, avec autant d'ardeur que d'autres en mettraient à le consolider, c'est un exemple que l'Angleterre se gardera bien de suivre. Au contraire, chaque coup porté au commerce français est un triomphe, un avantage précieux pour le sien ; et il semblerait que nos colonies n'ont été détruites tout exprès, que pour rendre les siennes plus florissantes.

A quoi servira donc, en dernier résultat, d'avoir voué à l'anathême et à la proscription, la richesse, le commerce, et sur-tout ce luxe, qui était le moyen principal par lequel tout se ressentait de leurs bienfaits ? Comment empêchera-t-on un peuple malheureux et trompé, de s'appercevoir, après le délire auquel il est encore livré, que sa misère provient de la ruine de ces mêmes objets contre lesquels on alluma toute sa fureur ? Comment ne verrait-il pas qu'on lui a fait abandonner la réalité pour l'ombre, et que des promesses vaines et ridicules ont remplacé tout ce qui servait à assurer son existence ?

Mais on commence à entrevoir l'abîme dans lequel on s'est follement précipité, et l'on parle aujourd'hui de rétablissement d'industrie et de commerce, avec autant d'ardeur qu'on en mit naguères à l'anéantir : l'on entend maintenant faire son éloge par ceux-là même qui vomissaient contre lui les plus horribles imprécations. Mais combien les progrès du mal sont rapides, et combien sont lents ceux qui tendent au bien. Géans redoutables et tout-puissans lorsqu'il s'agit de détruire, pygmées politiques lorsqu'il est question de réparer, ces hommes qui croyaient tout pouvoir sont étonnés de leur impuissance ; il semble que tout ce qu'on fait pour opérer ce bien ne serve qu'à l'éloigner et à en affaiblir insensiblement jusqu'à l'espérance. On veut le rétablissement du commerce : mais comment y parviendrait-on, si on en méconnaît les seuls moyens ou si on s'obstine à les rejetter ? Je ne cesserai de le répéter ; point de commerce sans colonies ; point de colonies, si on n'abandonne des idées exagérées, pour en adopter de plus sages et de plus conformes à l'intérêt général , et j'ose dire , à l'humanité : point de colonies enfin , si on ne désobstrue pas tous les canaux de cette industrie , de ce luxe consommateur qui les rendaient si florissantes et si utiles à la métropole. C'était principalement par ce luxe , qu'elles remplissaient les vues de la France sur elles , et ce fut lui qui alluma contre elles toute la fureur de leurs ennemis , dont la jalousie se couvrit de ce spécieux prétexte. Quelques reproches qu'on fût en droit de faire à leurs possesseurs , on n'aurait pas même songé à eux , s'ils n'avaient pas été opulens et fastueux. Mais qu'est-ce donc que ce luxe contre lequel , en Amérique comme en Europe , la calomnie et la noire envie ont soulevé une multitude séduite , et l'ont poussée à briser dans sa fureur , les instrumens de sa propre félicité ?

La révolution , que la découverte du nouveau monde occasionna dans la manière d'être des peuples modernes , se manifesta sur-tout , par le luxe qu'on vit s'introduire insensiblement , non-seulement parmi les riches , mais encore dans les classes qui autrefois ne jouissaient pas même de l'aisance. Sans chercher à en suivre la progression , les monumens qui nous restent de la lourde magnificence de nos ancêtres , attestent qu'avant cette époque mémorable , les grands même ne connaissaient pas ces commodités si communes aujourd'hui parmi les simples particuliers, et qui en étendant les jouissances, ont également multiplié le travail, les arts, et tous les moyens qui assurent l'existence du grand nombre. Le luxe consistait autrefois dans l'or, les pierreries, et dans tout ce qui flattait l'orgueil par l'éclat : nos manufactures, aussi rares qu'elles furent depuis nombreuses et perfectionnées, ne fabriquaient alors que des objets matériels et qui n'étaient remarquables que par leur magnificence : les richesses qui coulèrent de l'Amérique au sein de la métropole, apprirent peu-à-peu à leur préférer l'élégante simplicité ; et ce fut aux exemples qui nous vinrent des Antilles, que l'on dût l'introduction de nouveaux usages et de ces objets plus simples que magnifiques, plus favorables à la santé que propres à flatter l'ostentation. Un goût particulier aux climats méridionaux, et qui a son principe dans la chaleur constante qui y règne, rendit bientôt insupportables aux habitans des Antilles ces vêtemens, ces étoffes dont ils avaient fait usage jussqu'alors ; il fallut que l'art s'étudiât à créer pour eux tout ce qu'il était capable d'inventer de plus léger, de plus fin et de plus recherché : les fabriques encouragées par la certitude du succès parvinrent rapidement au dernier dégré de perfection. Ce goût ne tarda pas à s'introduire en France, à l'exemple des Colons qui vinrent s'y établir en grand nombre : les manufactures redoublèrent d'ardeur et se multiplièrent pour

suffire à des besoins qui croissaient journellement :
des fortunes immenses s'élevèrent ; les cités s'em-
bellirent et s'ornèrent d'édifices que les capitales
des empires ne possédaient pas autrefois ; les richesses nationales s'accrurent d'une manière prodigieuse ; et la génération actuelle a vu le changement
qui s'est opéré en France depuis quarante ans ,
changement dû aux accroissemens rapides de Saint-
Domingue , sur-tout dans ces derniers tems , et aux
trésors qui en ont résulté pour sa métropole. La
France était jadis déchirée presque sans relâche par les
dissentions intestines qu'entretenait la misère d'une
population toujours prête à favoriser les projets de
quiconque lui faisait espérer quelqu'adoucissement
à sa situation , ou qu'on tolérerait ses désordres.
Je ne balance pas à en attribuer la cessation et la
paix intérieure dont elle jouit depuis cent cinquante ans , aux richesses coloniales et à un commerce capable de fournir à des millions de bras
une occupation utile et assurée. Ce sont ces richesses
qui ont long-tems balancé , ou rendu presqu'insensibles les prodigalités d'un gouvernement , dont les
besoins et l'avidité semblaient s'accroître par la facilité de les satisfaire , et qui , avec un peu de sagesse ,
eût pu consolider facilement cet état de bonheur ,
et rendre éternelles les bases sur lesquelles il était
appuyé. Sans elles , sans l'adoucissement qu'elles
ont long-tems porté aux maux de la France , il y a

long-tems qu'on eût vu arriver cette révolution ;
que l'aveugle imprévoyance et la force des choses
ont entraînée de nos jours. Tels ont été les effets
du luxe que l'Amérique a introduit parmi nous, et
contre lequel on ne s'est tant récrié que par une
basse jalousie, ou faute d'en bien connaître les inap-
préciables résultats. Avant de parvenir à la conclusion
de cet ouvrage, qu'il me soit permis de considérer un instant le luxe en lui-même, et d'en déterminer les avantages, comme faisant partie principale de la question que je traite.

En général, ce mot si diversement interprété,
exprime deux choses qui, quoique partant de
la même source, sont néanmoins très-dis-
tinctes par leurs effets. Toutes deux sont le résultat des richesses : l'une peut en être regardée
comme l'abus ; mais l'autre est le moyen par
lequel elles sortent des mains de celui qui les
possède, pour se répandre sur toutes les classes du
peuple, par une multitude de canaux. L'une des-
sèche les ressources d'un état et n'est utile qu'à
celui qui en jouit ; l'autre est l'aiguillon, le moteur perpétuel de l'industrie, et rend le riche tri-
butaire du pauvre, dont l'industrie peut seule suffire aux besoins factices qu'il a contractés. On a
donné une infinité de définitions de ce mot, et il
ne paraît pas qu'on ait des idées bien fixes sur la
chose dont on ne juge ordinairement que d'après
ses propres dispositions et ses préjugés.

Tous les écrivains anciens, et à leur imitation, un grand nombre de modernes ont déclamé contre le luxe. Les législateurs de l'antiquité sur-tout, se sont soigneusement efforcés de l'extirper de leurs institutions sociales et politiques. Mais d'eux à nous les choses ont bien changé. Les révolutions qui se sont opérées dans l'esprit des sociétés, ont bien modifié les moyens d'atteindre au bonheur ; et sans doute on ne crie aujourd'hui contre le luxe que par un respect religieux pour les anciens, et par l'effet de la haute idée que notre éducation nous en fait concevoir. D'autres n'affectent hypocritement de le condamner, que parce qu'ils ne peuvent se livrer à toutes ses jouissances, ou dans l'espérance d'en imposer par un masque de vertu, et de dérober un rayon de la gloire que des grands hommes ont recueillie en la conseillant, mais surtout en la pratiquant.

Pour prononcer avec connaissance de cause sur cette question importante, il faut mettre de côté les préjugés : il faut considérer et distinguer les tems, les lieux, les mœurs et les usages divers. On doit juger une chose moins d'après elle-même que d'après ses résultats. Quoiqu'on en dise, les changemens que les siècles ont opérés dans les préjugés et dans les principes politiques, ont dû apporter de grandes modifications dans la manière de voir et de juger tout ce qui peut influer sur le maintien et sur le bonheur des sociétés. Nous sommes aussi loin de l'antiquité par la révolution qui s'est faite dans les goûts et dans les idées, que par l'intervalle des siècles. Telle chose qui était pernicieuse autrefois, peut être aujourd'hui indifférente ou même avantageuse.

C'est par exemple, l'effet de l'erreur et du préjugé que de considérer dans les tems où nous vivons, le luxe avec autant de sévérité que les anciens législateurs avaient droit et intérêt de le faire. Ses inconvéniens ne sont que relatifs ; et selon les diverses institutions, il peut fort bien être un grand mal pour tel peuple et un grand bien pour tel autre. Il serait un grand mal chez un peuple pauvre et environné d'autres peuples belliqueux et aussi pauvres que lui : il est un grand bien chez un peuple riche, nombreux, situé sur un sol fécond et environné de nations industrieuses et opulentes.

Les peuples antiques, dont la renommée s'est transmise jusqu'à nous, et dont la gloire électrise nos ames, ces peuples sur lesquels on voudrait nous modeler, étaient guerriers et possesseurs d'un champ, d'une cabanne et de quelques ustensiles. Tout leur bonheur et leur ambition consistaient dans la gloire des armes, à laquelle ils s'efforçaient d'atteindre, et toute leur occupation, à attaquer leurs voisins, ou à défendre leurs foyers contre leurs irruptions : chez de pareils hommes, le courage et la

vigueur du corps devaient être les qualités par excellence. On devait rechercher tout ce qui était propre
à les élever, et mépriser tout ce qui tendait à les
énerver; la vertu et la grandeur d'ame, jointes à
la férocité, furent le principe de ces traits immortels que l'histoire nous a transmis, et que nous ne
cessons d'admirer, tout en nous jugeant humble-
ment nous-mêmes, incapables de les atteindre. Chez
ces peuples, le luxe qui amollit le courage dût être
en horreur : les législateurs qui avaient pour objet
principal de diriger les esprits vers la guerre et les
vertus sévères le condamnèrent avec rigueur, et
vouèrent au mépris quiconque s'y livrerait ou con-
tribuerait à l'introduire. Chez eux, un marchand,
ou le maître de jeux qui n'avait pas la gloire des
armes pour objet, étaient regardés comme les plus
vils des hommes. Sparte et Rome virent croître leur
bonheur, et s'illustrèrent par leurs vertus et par leur
fidélité à observer les lois conservatrices de leurs
mœurs : leur chûte suivit de près leur infraction et
l'introduction du luxe et des usages des peuples
qu'elles avaient vaincus. Accoutumés à admirer ces
hommes, d'après la haute idée que l'histoire nous
en donne, et par l'habitude d'entendre le récit des
grands traits qui les ont illustrés, le préjugé nous
soumet en spéculation, à l'autorité de leurs mœurs
et de leurs exemples, et nous jugeons des choses
comme ils en jugeaient eux-mêmes : mais quelle
révolution

révolution ont produit les siècles nombreux qui nous en séparent ! Quel changement s'est opéré dans la manière de voir générale ! Le commerce n'est plus un état déshonorant qu'aux yeux de quelques castes orgueilleuses, qui ont conservé une partie de leurs préjugés barbares au milieu de la civilisation qu'il a introduite dans toutes les parties de l'univers. La guerre n'est plus l'exercice favori des nations, mais seulement un jeu cruel et périodique de ceux que le hasard a placés à leur tête. Les peuples n'en sont plus que les victimes, et loin d'appeller, comme autrefois, héros celui qui les pousse au combat, ils tremblent devant sa puissance et maudissent mille fois sa fureur.

Les inclinations guerrières des nations s'étaient déjà bien rallenties dès après la découverte d'un nouvel hémisphère : ses résultats achevèrent de leur porter le dernier coup, et ont fait insensiblement de la guerre le métier des ambitieux et des hommes dévoués à leurs fureurs et à leurs caprices. Le goût des armes perdit peu à peu l'idée noble et touchante qu'on y attachait : il ne fut plus qu'un fléau pour les peuples ; et aux yeux du philosophe, il devint un état de férocité et d'infamie, du moment qu'il n'eut plus pour objet de défendre ses foyers et sa tranquillité, mais bien d'attaquer celle d'autrui sans autre motif que l'ambition et l'inquiétude. Dès l'instant que l'or de l'Amérique commença à faire sentir en Europe les douceurs de l'aisance et les jouissances du luxe, ce goût sanglant et barbare fit place au commerce, à la navigation, aux sciences, aux arts et à ces douces liaisons d'intérêt et d'amitié qui lient les peuples divers entr'eux, et qui tendent à faire de cent nations différentes une société d'amis et de frères. Ce sont elles qui, en s'étendant et en prenant de plus en plus de la consistance, ont consolidé les empires, ont rendu leur chûte plus rare, et empêchent de nos jours ces révolutions sanglantes dont l'histoire conserve le souvenir, et qui ont fait disparaître des nations célèbres de la face de l'univers. Rome, devenue le centre des arts et du luxe, succomba, parce que, quoique déchue de sa force et de sa valeur guerrière, elle ne s'en livrait pas moins à la fureur d'attaquer et d'assujettir tous les peuples : elle les eût irrévocablement soumis en leur communiquant ses jouissances et en se les attachant par le lien séduisant de l'intérêt ; mais elle les trouva invincibles à l'effort de ses armes ; et d'attaquante, devenue attaquée, sa puissance s'écroula en peu de tems sous leurs coups. Mais les peuples modernes, devenus paisibles, ne se détestent plus entr'eux, et réservent toute leur haîne pour les ambitieux qui cherchent à troubler la paix dont ils jouiraient constamment, si cela dépendait de leur propre volonté. Les vertus guerrières dont se glorifiaient ceux de l'antiquité, ont fait place à l'amour du repos, des plaisirs et des occupations paisibles qui tendent à les entretenir. Heureusement il n'y a plus ni Ostrogots, ni Vandales, ni Sicambres pour les en punir, et pour les faire repentir de leur mollesse.

Pourquoi donc, après nous être si heureusement écartés de la marche et des idées politiques des anciens, conserver ce reste d'attachement à leurs préjugés ? Ne nous laissons plus étourdir par des mots et par l'idée qu'on s'est fait l'habitude d'y attacher, et ne jugeons des choses que d'après leur résultat. Est-ce donc un si grand mal que ce luxe qui, depuis qu'il s'est introduit, a insensiblement détruit l'esprit des factions, des dissentions civiles et religieuses, auxquelles il a appris à attacher autant de mépris et de ridicule, qu'on y mettait autrefois d'importance ; qui, éloignant la misère de la société entière, a fait connaître presque généralement les commodités dont l'usage inconnu jusques-là est si favorable à la santé comme au bonheur des individus ? Doit-on regarder comme un malheur, ce qui a considérablement augmenté la population de la France, et multiplié parmi ses enfans les occupations utiles et les moyens d'exister ?

Enfin, l'expérience et les faits sont une autorité supérieure à celle de l'esprit de système, et aux plans spéculatifs de la philosophie, qui ordinairement s'attache moins à ce qui est qu'à ce qui devrait être, et dont, par cela même, l'exécution se trouve presque toujours impraticable. Les meilleurs sont désormais ceux qui tendent à augmenter ou à consolider le bonheur des peuples.

Il est reconnu que la prospérité de ceux de l'Europe consiste dans l'usage du luxe, et que le plus heureux ou le plus riche est celui qui a le plus de moyens d'entretenir le sien propre, et sur-tout de fournir à celui des peuples qui l'environnent.

Les reproches adressés au luxe sont au moins exagérés, et les réflexions des modernes sont généralement inapplicables, parce qu'ils se sont trop modelés sur ceux qui les ont précédés, et qui avaient ou devaient avoir d'autres motifs, et parce qu'ils ont eu moins en vue les inclinations, les mœurs et les préjugés nouveaux des peuples, que de faire briller leur esprit, et de se donner un vernis de vertu et de pureté de principes. Combien n'ont déclamé contre le luxe que par inquiétude, par envie et par le dépit de ne pouvoir s'y livrer ! Il n'y a néanmoins une distinction à faire dans le luxe considéré en lui-même, et on en doit juger relativement. Il s'agit de savoir s'il tend à rendre un peuple plus heureux ou plus misérable : car ces opposés peuvent réellement exister, et cela dépend du sol plus ou moins fécond qu'un peuple habite, des propriétés qu'il possède au-dehors, et de son plus ou moins d'industrie. Le luxe, tant décrié par les anciens qui avaient leurs raisons, amollit, il est vrai, les hommes ; il est destructeur des conditions qui constituent le guerrier : mais c'est lui qui, en s'introduisant de nos jours dans les contrées les plus barbares, avec le commerce et la civilisation, y a poli

les mœurs, adouci les haînes, et a cimenté l'union et
la fraternité entre des nations qui ne communiquaient
autrefois entr'elles que pour s'entr'égorger : il a insensiblement éteint en elles ces préjugés guerriers ,
dans lesquels elles faisaient consister leur gloire et
leur sûreté : mais faut-il donc qu'un peuple soit guerrier pour être heureux et tranquille ? Oui , s'il était
environné , ainsi que je l'ai déjà dit , d'ennemis , et
forcé de défendre sans cesse ses foyers ; mais lié désormais d'amitié et d'intérêt avec des peuples aussi
paisibles , et aussi intéressés que lui au maintien de la
concorde , quel inconvénient y a-t-il donc qu'il s'é-
loigne, qu'il abhorre même un état qui tend à faire
verser le sang humain par torrens ?

Il n'est pas étonnant que le luxe fut proscrit dans
les tems anciens , car il avait généralement alors pour
tous les peuples , le même danger qu'il a encore aujourd'hui pour ceux qui n'ont ni richesses territoriales,
ni colonies, ni industrie : il devait être odieux, parce
qu'il ne pouvait être permis qu'à un bien petit nombre
d'hommes de s'y livrer , et qu'il devait infailliblement
appauvrir l'état , en même-tems qu'il corrompait les
mœurs. Mais le systême moderne, et les goûts qu'il a
introduits, en ont fait l'accessoire du commerce et
des arts sur lesquels tous les peuples ont fondé, d'un
commun accord , leur bonheur et leur prospérité : il
est l'effet et le résultat naturel de l'inégalité des richesses, que les lois ont consacrée et protègent dans

rous les états, en même-tems qu'il en est le modifi-
cateur, en devenant le moyen par lequel le pauvre
industrieux parvient à s'approprier, par ses travaux,
une partie des biens de l'homme opulent. Il entraîne
avec lui, il est vrai, l'inconvénient de rendre moins
avantageuse l'application de principes excellens en
eux-mêmes, et la nécessité de les modifier et de les
ployer au gré des mœurs et des préjugés actuels des
nations ; mais faut-il donc que pour qu'elles soient
heureuses, elles aient des mœurs si âpres ? Est-ce encore le cas de s'armer de la sévérité de Lycurgue
contre des usages devenus plus utiles que dangereux ?
Les législateurs antiques avaient tout dit en parlant
de vertu : ils ne connaissaient pas d'autre moyen de
force et de félicité publique. Mais aux tems où nous
sommes, dit Montesquieu, les gouvernemens ne
parlent plus que de commerce, d'industrie et de richesse.

S'il est un luxe corrupteur et dangereux, c'est
celui qui consiste dans l'usage de ces objets coûteux
de superfluité que la richesse recherche, moins pour
sa commodité que pour flatter son orgueil, et
qu'elle se procure à grands frais des climats les
plus reculés de l'univers : c'est encore celui dont
le résultat est d'enlever les bras à l'agriculture, ou
de faire refluer au dehors les ressources d'un état
sans aucune compensation. Mais qu'a de commun
ce luxe, et comment pourrait-on le confondre avec

celui dont je soutiens l'utilité, et qui consiste, par exemple, dans la consommation de ces denrées précieuses, que des mains françaises cultivent, et dont le pauvre même peut se procurer facilement la jouissance? Qu'ont de commun, dis-je, les diamans de Golconde, et les marchandises de l'Asie qui épuisent la France pour satisfaire un petit nombre d'hommes, avec les productions coloniales qui sont pour elle une source inépuisable de richesses, et dont l'usage introduit parmi le peuple égaye ses travaux et sa misère, et contribue efficacement à raffermir sa santé comme à multiplier ses moyens d'exister? J'en atteste mille et mille témoins occulaires : on se rappelle ces tems malheureux où l'élite de la population française versait son sang sur les frontières, où une autre partie gémissait dans les cachots, et où tout le reste était livré aux horreurs de la famine. Les habitans de la Gironde, du Lot et des départemens environnans, forcés d'arracher quelques racines sauvages pour se substanter, recoururent, pour soutenir leur existence débile, à l'usage forcé du café, dont l'heureux effet, après les avoir sauvés en leur donnant le tems d'atteindre la récolte, fut encore de prévenir les maladies épidémiques, qui sont toujours la suite infaillible de la disette ; et la métropole qui devait déjà à cette précieuse graine une partie de son opulence et du développement de son industrie, lui dut encore le salut d'une multitude de ses habitans.

A quoi cette longue disgression peut-elle être consacrée, si ce n'est à faire sentir toute l'importance et tous les genres d'utilité d'une colonie, dont le commerce consommateur des objets d'industrie nationale, et la valeur de ses productions, dont la jouissance s'est étendue à toutes les classes, ont si puissamment contribué à introduire en France ce luxe dont les avantages sont si multipliés, et les inconvéniens si imperceptibles, supposé même qu'il en existe. C'est pourtant ce luxe vivifiant qui procurait à la plus précieuse portion de la population française, du travail et une subsistance assurée; c'est cette base de la force et de la splendeur nationale qui a servi de prétexte aux déclamations furieuses, qu'on a entendu et qu'on entend encore : c'est en calomniant le luxe colonial qui formait le plus vaste débouché des objets de fabrique française, et par lequel les Colons remplissaient ce que la métropole attendait d'eux, qu'on est parvenu à soulever l'opinion séduite ; on les a déclarés coupables, parce qu'ils étaient riches ; on les a proscrits, on a renversé à coups redoublés leurs fortunes, comme si elles n'avaient pas été le plus ferme soutien de la fortune publique. Les voilà pauvres, errans, et en bûte à tout ce que le malheur a de plus cruel :

on leur refuse même cette pitié qui adoucit l'infortune. C'est ainsi que, dans un tems où l'on ne
parle que de justice, de vertu et d'humanité, on
récompense les descendans de ces hommes qui se
donnèrent librement à la France, et qui ouvrirent
pour elle une vaste carrière d'industrie et de prospérité ! Elle est formée cette carrière, et peut-être
sans ressource : un seul instant a suffi pour anéantir
l'ouvrage de deux siècles de travaux, et la crainte
de ruiner à jamais ce délicat et brillant édifice n'a
pas arrêté la fureur d'un parti, qui voulait à tout
risque écraser sous ses décombres ceux qui en étaient
les soutiens, et qui dans l'un et l'autre hémisphère avait calculé et fondé d'avance ses triomphes
sur une subversion générale.... O vous ! qui cher-
chez à chaque instant à vous étayer de l'autorité de
ces écrivains célèbres qui ont parlé au nom de la
philosophie et de l'amour de l'humanité ; vous qui
avez sans cesse leurs maximes à la bouche, est-ce
ainsi que vous faites l'application de leurs principes, et que vous suivez leurs préceptes ? Quel est
celui d'entr'eux qui, pressé par la douleur et par
l'indignation des outrages faits à l'humanité, imagina de tout renverser de fond en comble pour la
venger ? Lequel conçut jamais l'infernal projet d'exterminer des peuples entiers, et de compromettre
la fortune nationale en renversant ses plus fermes
soutiens, en substituant à une réalité brillante,

des plans incertains et de vaines chimères ? Jettez les yeux sur leurs immortels ouvrages : voyez-les pénétrés d'une horreur profonde pour les forfaits commis, et cherchant à inspirer le sentiment dont ils sont remplis : voyez-les aussi s'efforcer de prévenir ceux qu'on voudrait commettre encore. En est-il un seul qui vous ait dit qu'il fallait détruire jusqu'aux fondemens, ces monumens qui rappellent les maux que l'ambition et l'avarice ont causés, mais que leur utilité pour la société entière avait rendus précieux et légitimes ? Non, non ! ils ont senti que la prospérité des états dépendait désormais de leur existence, et que les biens dont ils étaient pour eux une mine féconde, faisaient plus que compenser ce que leur établissement avait primitivement coûté : ils ont indiqué autant qu'il était en eux les moyens de faire disparaître les abus qui y restaient encore attachés ; mais tous ont dit qu'il fallait bien se garder de guérir un mal par un mal pire.... Quel démon exterminateur vous a donc si fort écartés des leçons de ceux-là même dont vous vous dites les disciples ? Par quel renversement des principes qu'ils ont proclamé, par quel contradiction inconcevable se fait-il que tous les droits aient été violés au nom même de la justice, que les crimes les plus horribles aient été commis, que des torrens de sang aient été répandus au nom de l'humanité, et que ce soit enfin au nom de la liberté qu'on

a exercé tout ce que le despotisme a de plus in-
solent et de plus intolérable !

Mais ne nous appesantissons plus sur des maux
dont le douloureux et inutile souvenir ne peut
rien pour notre consolation. S'il reste encore une
lueur d'espérance, hâtons-nous plutôt de la saisir
et de nous y attacher fortement. Le résultat le plus
funeste de tant de malheurs, est sans doute l'incertitude où l'on est qu'ils puissent être réparés :
mais enfin cela n'est pas impossible. Quelques pué-
riles que soient les mesures que l'on a récemment
adoptées relativement aux colonies, il faut croire
qu'on ne s'y attache avec autant d'acharnement, que
parce qu'on en ignore le danger, et qu'elles seront
abandonnées lorsqu'on reconnaîtra par expérience
combien elles sont vaines et même désastreuses. Le
cri de la vertu et de l'humanité outragées (mais
non pas de ce phantôme de vertu et d'humanité
au nom duquel tant de forfaits ont été commis),
la voix impérieuse de la politique, la voix plus
impérieuse encore des besoins de la France se feront tôt ou tard entendre, et dissiperont l'illusion
qui fascine tous les yeux : on reviendra, cela est
infaillible, au seul parti que l'on aurait dû embrasser.
Malheureusement la perte des instans précieux devient de plus en plus irréparable, et il peut arriver
un tems où le repentir et une manière de voir, plus
sage et plus conforme aux intérêts de la métropole, de-

viendront tardifs et inutiles ; et ce tems est d'autant moins éloigné, qu'il semble qu'on choisisse exprès les mesures les plus propres à en avancer l'époque. Mais encore une fois, espérons que le règne de l'erreur ne saurait être de longue durée : espérons que ceux qui tiennent dans leurs mains les destinées de la France, sentiront enfin combien sa destruction importe à leur gloire, à leurs intérêts et à ceux de l'empire qu'ils doivent arracher à sa ruine, à moins de vouloir y être entraînés eux-mêmes. Voyons dans le chapitre suivant quels sont les moyens sur lesquels il est permis de fonder quelqu'espérance, et auxquels il faudra nécessairement revenir, s'il en est tems encore.

DISCOURS V.

CHAPITRE XI.

De l'influence de l'Angleterre sur les évènemens coloniaux ; de l'état actuel de Saint-Domingue , comparé à celui de la France. Examen des mesures propres à y ramener le calme et l'industrie ; plan de restauration.

L'INTRIGUE, l'amour du changement et les passions les plus viles ont tout bouleversé. Les choses en sont venues à un point de maturité tel, qu'il n'y a plus que les artisans de tant de malheurs qui feignent de se méprendre sur leurs véritables causes ; il n'est plus douteux, je crois, pour personne, que les convulsions qui ont déchiré nos colonies ne soient dues, non à l'amour de l'humanité qui leur a servi de prétexte, mais à la scélératesse la mieux caractérisée , et au machiavélisme d'un gouvernement étranger , qui ayant si souvent et si inutilement tenté de conquérir nos possessions coloniales, ou d'en neutraliser les avantages, s'est attaché avec empressement au dernier parti qui lui restait à prendre pour nous les rendre au moins inutiles ; c'est-à-dire de les ruiner de fond en comble, et de se servir pour cela de nos propres mains. Qu'on considère attentivement la marche politique de l'Angleterre, à compter de l'époque où l'on agita dans son parlement, les questions relatives à l'esclavage des Antilles, jusqu'à l'arrivée des Anglais à Saint-Domingue. Plût à Dieu qu'ils y fussent entrés comme conquérans ! Mais tout ne prouve-t-il pas qu'après avoir allumé en Europe le flambeau qui l'a embrâsée, et après avoir eu l'initiative des dissentions civiles qui ont causé tous ses malheurs, ils n'y sont intervenus que pour leur donner plus d'activité, et pour achever d'exaspérer les haînes et les passions que l'autorité de la métropole pouvait, par quelque mesure sage, calmer d'un moment à l'autre. L'enthousiasme pétulant d'hommes présomptueux, inconsidérés et profondément ignorans sur les grands intérêts de la France, a merveilleusement secondé les efforts de cette implacable ennemie : elle a été servie avec non moins de zèle et de succès par ceux qui paraissent avoir eu la direction des évènemens, soit qu'elle leur eût confié la réussite de ses desseins secrets, comme tout induit à le penser, soit qu'ils eussent eux-mêmes leurs fins et leurs plans particuliers à exécuter. Il est certain du moins qu'on s'est, dès le principe, soigneusement écarté de l'unique marche que prescrivaient la prudence et une sage circonspection ;

et quelqu'évidente que soit aujourd'hui la nécessité d'y revenir, jamais on ne fut plus diamétralement opposé aux seuls moyens de concilier le respect dû à l'humanité, la considération des besoins de la France et les ménagemens qu'exigent ses intérêts.

Est-ce la France, ou bien l'Angleterre qu'ont entendu servir ceux qui ont armé les mains de l'esclave africain, et qui l'ont provoqué à se baigner dans le sang de ses maîtres ! Sont-ce des amis de leur patrie, ou bien de secrets partisans de l'étranger, ceux qui ont fait incendier des villes opulentes, qui ont converti des contrées fertiles en déserts, et qui sont parvenus à tarir en quelques instans la source des richesses nationales ? Est-ce enfin au nom de la France, qu'ils ont achevé de ruiner, ou à celui de sa rivale, qu'ils ont si efficacement servie, que les éloges et les récompenses ont été prodiguées aux Polverel et aux Santhonax ! Qu'aurait pu faire de plus, pour leur témoigner sa reconnaissance, cette Angleterre, qui pendant vingt guerres occasionnées par son acharnement à nous nuire, ne nous causa jamais, quels que fussent ses succès, la moindre partie des maux que ces deux hommes nous ont fait en quelques mois. Si elle avait ordonné à ses généraux d'aller s'emparer de Saint-Domingue et de ruiner entièrement cette colonie, qu'auraient-ils pu faire de plus pour remplir ses volontés, que ce qu'ont fait ces agens de la France ? Que lui reste-t-il maintenant à desirer ? N'a-t-elle pas eu la satisfaction de voir porter successivement le coup mortel aux colonies, au commerce, aux manufactures et à la marine marchande et militaire de sa rivale ? Je le demande encore, est-ce de la France, ou bien de l'Angleterre, qu'ils ont si fidèlement servie, que les auteurs de tant de maux avaient des récompenses à attendre ? Quel sera donc le dénouement de cette horrible et inexplicable intrigue ? Faut-il se persuader enfin qu'il existe au sein de la France des plans conçus ou provoqués par l'étranger, et dont l'exécution doit être opiniâtrement suivie, jusqu'à ce qu'on ait mis la dernière main à son épuisement, et qu'on ait réduit sa population et ses ressources du dedans aussi bas que l'est déja tout ce qui constituait sa force politique et son éclat extérieur ?

Peuple malheureux ! qu'ont produit pour toi ces longs et affreux déchiremens ? qu'est-il résulté de plus pour ton bonheur, de tant de maux, et des prétextes avec lesquels on t'a si criminellement trompé ? Examine de près ce phantôme décoré du nom pompeux de vertu et de philantropie ; arrache-lui le masque léger qui le couvre, et tu ne verras plus que la face hideuse du crime, suivi pour toi de l'appauvrissement, de la misère et de tous les maux qui l'accompagnent : tu n'appercevras dans ces hommes qui, au nom de l'humanité et de la liberté,

liberté ont dévasté les colonies avec la rapidité d'un ouragan, que de vils instrumens de l'étranger, d'impitoyables assassins, et d'impudens concussionnaires. C'est en vain qu'avec de fausses images de bonheur et de richesse, on cherche à calmer tes craintes et à te cacher l'avenir : c'est en vain que pour t'étourdir sur les maux dont tu sens déja les atteintes, on te flatte et qu'on te peint à tes propres yeux puissant et majestueux, parce que ta maigreur intérieure est cachée par une bouffissure politique, et par quelques succès qui achèvent de t'énerver : regarde autour de toi ; que te reste-t-il ? où est ton commerce ? où sont tes colonies ? toutes tes ressources ne sont-elles pas anéanties ? les canaux de ton ancienne prospérité ne sont-ils pas desséchés ou détournés ? enfin ton dénuement n'est-il pas extrême ? Dépouillé de tout ce qui faisait ta force, quelle est ta perspective pour l'avenir ? Les efforts dont tu parais encore capable ne sont-ils pas provoqués par tes ennemis, qui, après avoir anéanti tout ce qui contribuait à te rendre véritablement puissant, ne négligent rien pour mettre le comble à ton épuisement et pour pouvoir t'accabler ensuite sans défense...... Tes vrais amis ne se laisseront pas éblouir par l'éclat passager dont tu brilles, et qui ne sert qu'à t'entraîner plus rapidement vers ta ruine entière. Heureux encore qu'il te reste quelques instans pour reconnaître des erreurs dont tu

Tome. II. G

es la première victime et que tu puisse éviter le
sort que la perfidie ou l'opiniâtre ignorance te pré-
parent ; mais il est inévitable, si on ne saisit sur
le champ les moyens qui restent encore pour tout
réparer. Puissent les yeux de ceux qui sont devenus
les dépositaires de ton pouvoir et de ta félicité, s'ouvrir enfin aux salutaires leçons du malheur et de l'expérience ! puissent-ils reconnaître l'absurdité des principes qui ont creusé sous tes pas, l'abîme dans lequel sont venus se précipiter successivement, ton
commerce, ton industrie et tes colonies, et dans
lequel tout finira par s'engloutir jusqu'à l'espérance ;
si on ne se hâte de le fermer ! qu'on ne perde
pas, dis-je, un seul instant pour remédier à tant
de maux, ou tout est perdu sans ressource......

Aujourd'hui, dans ce tems où l'on entend proclamer si pompeusement le règne des vertus, la calomnie est le moyen commun et à-peu-près sûr de noircir
les intentions les plus pures, et d'en empêcher l'effet.
Quels que consignés que soient les vrais sentimens qui
m'animent dans le cours de cet ouvrage, je m'attends
aux anathêmes lancés sur moi, par la malveillance ou
par l'erreur, parce que je parais m'écarter de ces principes, de ces lieux communs prêchés avec emphase
par ceux qui en font leur arme habituelle, et qui ne
sont que des mots vides de sens pour quiconque exa-
minera avec attention et de bonne foi l'application
qui en a été faite : on me qualifiera de vil partisan de

l'esclavage, parce que je le trouve mille fois moins désastreux que les moyens par lesquels on a prétendu l'abolir. Quoi ! serais-je moins un homme de bien, un sincère ami de l'humanité et de mon pays, parce que je m'éloigne en frémissant d'une route marquée de sang, et où l'on ne rencontre que des crimes, et parce que je ne confonds pas les principes avec des sophismes désorganisateurs, et la vertu avec le spectre qui en a emprunté la forme ? Oui, j'aurai le courage de le dire ; plutôt l'esclavage, utile et bien organisé, tel qu'il exista pendant des siècles, que ce cahos informe et anarchique qu'on y a substitué ! plutôt mille fois le laisser subsister avec tous ses abus, eussent-ils été encore pires, que de l'ensevelir sous la ruine générale, et de sacrifier les plus chers intérêts de la métropole. Mais quelques regrets que les évènemens et l'état actuel des colonies me forcent de donner légitimement à un régime sous lequel elles étaient si florissantes, et qui, sans convulsions, sans déchiremens, était susceptible de toutes les modifications qu'on aurait voulu y faire, à Dieu ne plaise que j'aie entendu en faire l'apologie. Je ne m'abandonne point ici à une opiniâtreté criminelle, ni ne prétends faire prévaloir mes propres opinions sur l'opinion générale : je ne parle ni d'après mes préjugés particuliers, ni d'après mon entêtement dans un système réprouvé, et dont je ne fus pas des derniers à reconnaître et à détester les excès. J'ai choisi irrévocablement pour guide de mes opinions le peu d'expérience que j'ai acquise sur cette matière, et une connaissance approfondie des intérêts dont il s'agit. Je suis animé surtout d'un zèle ardent pour la prospérité de ma patrie, et je crois fermement que toute autre considération doit y être subordonnée. Voilà le véritable but auquel je tends; voilà le phare que je ne perds pas un instant de vue, et avec lequel je ne crains pas de m'égarer au milieu des écueils des passions, des préjugés et des intérêts divers......

Dans les tems heureux et paisibles où chacun, et même ceux qui manifestent aujourd'hui un zèle si ardent, jouissaient des avantages ou des douceurs que les colonies ont répandues dans la société, sans guères s'embarrasser des maux par lesquels ils étaient achetés; dans ces tems, dis-je, qui sentit plus que moi, et se pénétra plus profondément des abus qui s'étaient glissés dans leur régime ? Quel homme a jamais plus sincèrement gémi, long-tems avant que les zélateurs modernes y songeassent, sur des excès qui ont servi de prétexte aux horribles forfaits par lesquels on a prétendu les punir ? Ah ! plût à Dieu que sans déchiremens et sans attirer sur elle un déluge de calamités, ma patrie eût pu donner à l'Europe entière un exemple touchant d'humanité ! Plût à Dieu que par des moyens doux et dignes en tout d'une si belle cause, et sans altérer inconsidérément les bases de sa propre félicité, elle se fût couverte d'une gloire im-

mortelle, en adoucissant le sort d'une classe malheureuse, ou même en conduisant une peuplade étrangère
et son esclave, au bonheur et à la civilisation. Mais
hélas! quel fruit attendre pour l'instruction de l'humanité, des torrens de sang qu'on a fait répandre!
Quelle impression se flatte-t-on d'avoir laissée dans
l'esprit des nations étrangères, en leur offrant l'horrible spectacle de ces bouleversemens! On se flatterait
en vain de les avoir édifiées par des scènes sanglantes,
dans lesquelles elles n'ont vu que des brigands pous-
sés à l'insurrection, au meurtre et à tous les crimes,
par d'autres brigands. Certes, si elles ont cherché à
profiter de cet exemple, c'est pour se prévaloir de
nos fautes, et pour s'enrichir de nos depouilles. L'u-
nique changement qui s'est opéré dans leur systême,
consiste en ce qu'elles ont redoublé de surveillance
et de rigidité, pour prévenir dans leurs colonies de
semblables malheurs : le joug de l'esclavage y est devenu plus lourd, et ce prétendu exemple d'humanité
n'a servi qu'à en aggraver la dureté. Voyez l'Angleterre, qui la première agita cette question insidieuse...
Qu'a-t-elle fait après avoir lancé ses fermens empoison-
nés dans le sein de la France, qui, semblable à Hercule
recevant le funeste présent de Déjanire, a aussitôt déchiré ses entrailles de ses propres mains ? Qu'a-t-elle
fait pour ses colonies, après avoir si perfidement dirigé
vers les nôtres, l'étincelle qui les a embra.... ? A-t-
elle adouci l'esclavage rigoureux de ses noirs ? a-t-elle

modifié son régime colonial, bien plus dur que le
nôtre ? Non ! cette nation qui sait si bien se parer d'un
vernis de vertus et de principes, et les ployer au gré
de ses intérêts et de sa politique, fait aujourd'hui, avec
plus d'ardeur que jamais, ce trafic honteux contre lequel elle parut s'élever la première, et que pourtant
aucune ne fit jamais avec autant de barbarie et de bassesse qu'elle : en vain l'on délibère dans son parlement
de le cesser ; ses nombreux vaisseaux couvrent les
côtes de l'Afrique, et vont porter des esclaves à toutes
les nations. Wilberforce, ce philantrope qui s'appi-
toyait si tendrement sur le sort de quelques milliers
d'Africains, ne se fait presque plus entendre : ardent
à seconder de tous ses efforts, ce ministre dont la politique tortueuse et cruelle a fait périr en quatre ans,
en Europe, plus d'hommes que l'Afrique n'en a
fourni à l'Amérique pendant deux siècles, il n'agite
plus que faiblement cette question par laquelle il
provoqua si astucieusement notre frénésie, ou qu'autant qu'il faut pour l'entretenir et pour mettre à couvert aux yeux de l'Europe l'honneur de ceux qui l'ont
si fructueusement employé.....(*).

(*) *P. S.* Ce qui vient d'arriver achève de justifier mon opinion,
et doit ouvrir les yeux aux plus incrédules. Le parlement d'Angleterre vient enfin de terminer cette discussion si perfidement
agitée, en déclarant qu'on ne peut rien décider sur cette question, sans le concours des planteurs des colonies anglaises.....

Mais que leur reste-t-il, encore à desirer ? n'ont-ils pas réussi à attirer tous les genres de maux sur la France : ne sont-ils pas parvenus à détruire successivement ses colonies, sa marine, son commerce, et à éteindre jusqu'à son industrie ? Qu'ont-ils besoin de dissimuler plus long-tems ? Non, non ! le gouvernement anglais ne prend plus la peine de cacher ses vues : il tend déjà ouvertement vers le véritable but de ses vastes desseins, qui est de tout assujettir à son ambitieuse cupidité. Après avoir puissamment contribué par son profond machiavélisme à nous précipiter dans tous les maux et tous les excès, il est le premier à en profiter comme à nous les reprocher ; et déjà, ajoutant l'injure à la malveillance, il nous désigne à ses peuples et à ceux de toute l'Europe, qu'il s'efforce de soulever contre nous, non comme un modèle de vertus et de grandeur d'ame, ainsi qu'on nous flatte modestement de l'être, mais comme une grande leçon, comme un exemple effrayant des travers dans lesquels une nation nombreuse et puissante peut être entraînée par l'intrigue, par l'esprit de vertige et de fureur, et par une application fausse et outrée des meilleurs principes.

Quand j'avance que l'Angleterre a causé directement ou indirectement la plupart de nos malheurs, et que, par ses intrigues, elle a eu l'initiative de ceux qui ont désolé nos possessions d'Amérique, ce n'est, je l'avoue, qu'une opinion destituée, du moins pour moi, de preuves matérielles : mais elle est fondée sur la plus parfaite vraisemblance, et sur le résultat des évènemens. A qui les attribuerait-on, si ce n'est à ceux qui en ont recueilli tout l'avantage ; à ceux que l'on voit journellement s'élever sur nos ruines, et s'enrichir à mesure que nous nous appauvrissons ! Qu'on suive ces évènemens pas à pas dans leur naissance et dans leurs développemens ; et qu'en dernière analyse, on considère comparativement la situation respective des deux états. La France, après avoir perdu en quatre ans tout ce qui composait sa force et sa splendeur, s'épuise plus que jamais en vains efforts provoqués, il n'y a pas de doute, par ceux-là même contre qui ils paraissent dirigés ; bien assurés qu'après nous être vu tout enlever, notre épuisement nous réduira à l'impossibilité de le leur arracher un jour. L'Angleterre, au contraire, n'eut jamais un commerce plus étendu et plus brillant : vainement on prétend qu'elle s'épuise pour soutenir une coalition dont elle est l'ame, et qui ne semble formée que pour ses intérêts. Eh ! qu'est-ce que le sacrifice de quelques trésors, pour une nation qui a su borner là toute sa dépense, tandis que ses coalliés et nous-mêmes sacrifions, avec bien plus de prodigalité, des trésors infiniment plus précieux, le sang et la vie des hommes, et d'une génération entière ? Qu'est-ce, dis-je, que ce léger sacrifice pour une nation qui pompe seule et attire chez elle les richesses de l'univers entier, et qui, par ses spéculations, enlève aux gouvernemens qu'elle soudoie, et qui s'appercevront trop tard qu'ils ont été le jouet de son ambition, plus d'or qu'elle ne leur en dispense pour alimenter leur fureur contre l'ennemi commun ? Voyez ses vaisseaux dominant sur toutes les mers, et envahissant tout ce qui est à sa biénséance; ses colonies florissantes et regorgeant de richesses, lorsque les nôtres ne contiennent que des décombres ; voyez-là s'emparant des débris de Saint - Domingue et déjà maîtresse du Môle-Saint-Nicolas, qui est un autre Gibraltar, dans lequel elle n'est pas entrée avec moins de facilité que dans celui d'Europe, et que rien ne sera désormais capable de lui arracher, jusqu'à ce qu'elle l'abandonne elle - même, lorsqu'il n'y aura plus rien à tirer de cette isle malheureuse, ou qu'elle aura mis la dernière main à sa ruine : voyez enfin tous les évènemens tournant à son avantage; et qu'on décide maintenant si elle n'en est pas l'artisan secret, et si ceux qui par leurs conseils en ont été les provocateurs, ne paraissent pas avoir reçu d'elle leurs instructions.

On dira peut-être qu'on ne saurait soupçonner ce gouvernement ambitieux, mais prudent et toujours attentif à subordonner sa politique et ses opérations à ses intérêts, d'avoir spontanément allumé sous nos colonies un volcan qui peut d'un moment à l'autre engloutir les siennes.... Je veux bien croire que lorsqu'à son instigation, cette dangereuse question fut entamée, soit en Angleterre, soit en France, il n'avait pas plus embrassé toute l'étendue des maux dont elle devait être la source, que les premiers et sincères partisans de la révolution française, ces hommes purs et vertueux qui avaient cru y voir l'époque de la régénération de leur patrie, n'avaient prévu tous les déchiremens et les horribles forfaits qui devaient la ternir. Il faut penser que les uns et les autres, s'ils avaient pu pénétrer dans l'avenir, auraient respectivement renoncé à des espérances qui devaient être achetées au prix de tant de malheurs : il faut croire que le premier, embrassant d'un coup-d'œil tout ce que les principes sur lesquels s'élevait le nouvel édifice politique de la France, avaient d'incompatible avec ceux qui servaient de base au régime de ses colonies, et sentant les effets qui devaient nécessairement résulter de leur opposition, osa se flatter de la possibilité de se les approprier ; il crut devoir faire jouer dès ce moment tous les ressorts de la politique, pour activer d'un côté les passions, l'enthousiasme et l'amour de la nouvauté ; de l'autre, pour détendre et affaiblir les liens qui unissaient les colonies à la métropole, pour exciter entr'elles l'animosité et une défiance funeste, pour aigrir et aliéner l'esprit du Colon par le spectacle effrayant des complots tramés ouvertement en France pour opérer sa ruine, et enfin pour lui faire sentir la nécessité de périr ou de se jetter dans les bras d'un protecteur étranger. Voilà vraisemblablement quels furent les plans primitifs de l'Angleterre, qui conserva quelque tems l'espoir de s'emparer de Saint-Domingue ; mais qui forcée depuis d'y renoncer, vit sa ruine avec une secrète joie, ou même aida à la consommer, aimant mieux la voir anéantie qu'entre les mains de ses ennemis, et espérant d'ailleurs que l'éclat dont ses possessions allaient briller par la perte de celle qui les éclipsait toutes, la dédommagerait de n'en avoir pu faire la conquête. Mais, dira-t-on, le fléau qui a dévoré Saint-Domingue, dévorera tôt ou tard les colonies anglaises.... Eh ! qu'importe à l'Angleterre le danger de perdre quelques isles peu étendues, peu productives et presqu'entièrement épuisées ? Que serait même leur perte réelle au cas qu'elle fût forcée d'y renoncer, en comparaison de l'avantage d'avoir vu s'anéantir entre les mains de sa rivale cette isle incomparable, objet éternel de sa jalousie, et qui lui fournissait une masse de ressources égale, ou au moins plus assurée que celles que par un commerce immense elle retirait elle-même de toutes les parties du monde ! D'ailleurs, toujours prévoyante, toujours habile à prévenir les évènemens, n'a-t-elle pas déjà paré à la nécessité d'abandonner ses Antilles, soit qu'elles lui deviennent inutiles et à charge par leur épuisement, soit qu'elles soient destinées à devenir un jour le foyer des mêmes malheurs ? Quoique la culture du sucre, du café et des denrées coloniales soit circonscrite dans quelques contrées de l'Amérique, l'Angleterre a sous sa domination divers points qui y sont également propres; et déjà elle a jetté sur les côtes de l'Afrique, d'où les premières cannes furent transportées dans le nouvel hémisphère, les fondemens d'un établissement qui, formé dans le climat même d'où tous les autres tirent leurs moyens, est destiné peut-être à éclipser ou même à étouffer tout ce qu'on a vu jusqu'ici en ce genre. Dès que la nouvelle colonie de *Sierra-Lione*, fondée d'après un système différent, et sous les auspices d'une nation à laquelle nulle autre ne saurait être comparée en fait d'habileté, de persévérance et de grandeur dans de telles entreprises, sera parvenue à un certain degré de consistance, il est facile de prévoir quels seront ses progrès : il est facile, dis-je, de prévoir que les habitans appauvris des petites Antilles se hâteront d'y porter leurs moyens et leur industrie, sûrs de trouver dans la fécondité de cette nouvelle terre des ressources que commence déjà à leur refuser le sol épuisé de leurs anciennes propriétés.

D'ailleurs, comme je l'ai déjà observé, l'objet général de l'établissement des colonies, est d'alimenter le commerce, de multiplier ses moyens d'échange et ses débouchés, et d'augmenter, par ces diverses opérations, la masse des richesses des états qui en sont possesseurs. Il est vrai que les Antilles sont aujourd'hui le plus solide fondement de celles de la France : Saint - Domingue était tout pour elle , et elle ne pouvait y renoncer sans se commettre au danger de tout perdre , n'ayant rien pour remplacer ce vide. Mais qu'est-ce que le commerce des colonies à sucre pour l'Angleterre , qui a pour ainsi dire accaparé celui du monde entier ? De qu'elle importance pourrait-être au fond la perte de quelques isles de l'Archipel américain , pour un peuple qui donne des lois aux plus belles contrées de l'Asie , qui dispose de tous les trésors de l'Indostan , qui tient toutes les nations commerçantes dans sa dépendance , et enfin qui parle en maître sur toutes les côtes de l'univers. Il est donc évident , que sans s'arrêter au danger de compromettre ses propres colonies , c'était pour l'Angleterre un coup de la plus haute importance d'arracher à la France , n'importe de quelle manière et à quel prix, une possession qui seule fournissait à celle-ci les moyens de balancer la puissance maritime et commerciale de son ennemie , et qui réunissait dans un seul point, une masse de richesses égale à celle que la première retirait de toutes les parties du globe.

Quoi qu'il en soit, qu'elle ait été ou non l'arbitre des évènemens , il suffit sans doute que le passé soit tout à son avantage, et tout entier à notre détriment, pour nous défier de l'avenir , et pour ne plus compter avec autant de confiance sur des calculs qui nous ont été si funestes, et dont l'utilité ultérieure n'est garantie que par les promesses douteuses de ceux qui en sont les inventeurs ou les partisans. Après tant de désastres accumulés en si peu de tems , que les ennemis extérieurs de la France aient influé ou non sur les plans homicides qui ont bouleversé ses colonies , il est bien naturel de n'attendre que de nouveaux déchiremens de déterminations qui dérivent de la même source , ou de penser , dans l'hypothèse la moins défavorable , qu'elles deviendront inutiles dans leur effet , puisqu'elles sont une conséquence de principes et d'une manière de voir qui n'ont produit jusqu'ici que des malheurs. (*).

____

(*) Ceci a rapport au projet de faire à nos colonies l'application de la déclaration des droits et des principes constitutifs de l'empire français, et aux plans récemment adoptés pour les régir. Quand j'écrivais, quoique dans un des chapitres précédens j'eusse conduit hypothétiquement Santhonax à Saint-Domingue, quoique je l'eusse représenté pérorant devant les hordes africaines, j'étais loin, je l'avoue, de penser que cet individu, couvert de crimes et d'opprobre, que cet artisan de tant d'horribles désastres reparaîtrait sur la scène, et serait chargé d'aller organiser la constitution et les lois nouvelles dans cette contrée malheureuse, qui fut le théâtre de ses fureurs. Je croyais de bonne foi, qu'amnistié et confondu désormais dans la foule immense de ses émules en brigandage et en forfaits, il ne s'occuperait qu'à se faire oublier, à la faveur des mouvemens qui nous agitent encore.... Quel a dû être mon étonnement, en voyant ce même Santhonax, innocenté, remercié même des horreurs qui ont signalé sa mission ! Quelle a dû être ma douleur, en remarquant le nom

Après avoir tâché, autant qu'il a été en moi, d'éclairer l'opinion sur cette question obscure, et sur l'état actuel de nos colonies ; après avoir démontré l'incohérence et l'inutilité des moyens mis en usage pour les sauver de leur perte entière et pour les restaurer, je dois exposer quels sont ceux que je crois propres à remplir ce but : mais pour espérer d'en retirer quelque fruit, il faudrait pouvoir, avant tout, surmonter l'incertitude dans laquelle on se trouve entraîné involontairement et malgré soi, sur ce qui les concerne. Leurs désastres même, quelques grands qu'ils soient, ne sont pas le plus difficile des obstacles qui s'opposent à leur rétablissement ; l'essentiel

---

de ce scélérat placé par les chefs du gouvernement, en tête de la liste des hommes chargés d'aller opérer sur cette isle désolée, le miracle du rajeunissement d'Æson.....! Quoi ! les victimes de tant de malheurs, ces infortunés qu'il a si cruellement persécutés, et qui n'ont pu fuir cette terre de crimes, verront encore leur bourreau face à face, et seront de nouveau soumis à l'auteur de toutes leurs misères ! Quelle barbarie ! quelle immoralité ! Eh ! quand Santhonax ne serait pas coupable de tout ce qu'on lui impute, n'est-ce donc rien que les préjugés élevés contre lui ; et les tristes restes d'un peuple malheureux sont ils indignes qu'on ait pour eux assez de ménagemens pour leur épargner ce surcroît de douleur et de désespoir ? Après ce trait nouveau et inattendu, le courage et l'espérance achèvent de m'abandonner ; la plume me tombe des mains, et je n'ai plus désormais qu'à pleurer sur les maux de ma patrie !......

est de savoir si on veut réellement l'opérer. Ce doute n'est que trop légitimement fondé sur tout ce qui a été fait et qu'on fait encore journellement, à moins de croire que le gouvernement est à cet égard dans une ignorance qui n'est pas, pour ainsi dire, présumable. Il n'y a pourtant pas de milieu : à en juger par les mesures qui ont été adoptées, il faut se persuader qu'on a juré de completter l'anéantissement de Saint-Domingue, ou qu'on est dans d'épaisses ténèbres sur tout ce qui s'y passe. Dans le premier cas, sa perte totale est certaine : dans le second, elle ne le paraît guères moins, parce que les progrès du mal sont si rapides, les causes qui l'ont opéré acquièrent une telle consistance, qu'il est à craindre qu'il ne soit plus tems d'y remédier lorsqu'on aura enfin ouvert les yeux. De toute manière, il n'y a pour ainsi dire que des malheurs à attendre; et cette certitude douloureuse est balancée à peine par une légère espérance dans un prompt changement de système, dont on se flatte toujours, mais dont il est impossible de prévoir l'époque. En l'attendant, avec toute l'impatience d'un homme qui chérit sa patrie, et qui desire par-dessus tout son bonheur, puissai-je concourir à la hâter ! Puissai-je porter la lumière et la conviction dans l'esprit des hommes trompés, mais qui veulent sincèrement le bien, et montrer à découvert les vues de ceux qui, sous de spécieux prétextes, ne respirent que ruine et bouleversement !

Pour

Pour rendre plus sensibles, l'efficacité et l'urgence des remèdes que je dois proposer, jettons un coup-d'œil sur l'état actuel de Saint-Domingue et de la métropole, et tâchons par un rapprochement lumineux de démontrer que de l'une dépend la prospérité, et peut-être même le salut de l'autre.

De tous les moyens employés par la malveillance, pour assurer l'exécution de ses plans désastreux, aucun n'a été plus propre à la servir que l'erreur et le mensonge. Encore aujourd'hui, après cinq ans d'expérience et de malheurs, rien ne contribue plus à prolonger ceux de cette colonie, que l'obscurité qui les enveloppe et les bruits insidieusement répandus pour persuader à l'ignorance et à la bonne-foi que ses malheurs sont finis, que l'esprit de fureur qui a agité sa population noire, est ralenti, et que satisfaits d'avoir conquis leur liberté, les Africains remplis de reconnaissance envers la patrie adoptive qui la leur a assurée par ses bienfaits, sont paisiblement rentrés dans leur état habituel de travail et d'ordre. Dans les séduisans tableaux présentés par les soi-disant régénérateurs de Saint-Domingue, les ruines qui couvraient presque toute sa surface ont disparu, pour faire place à de nouvelles richesses, cultivées sous le régime bienfaisant de la liberté et de l'égalité, et prêtes à couler plus abondamment que jamais dans le sein de la France...... Qu'on fixe un instant, l'état d'agitation où se trouve encore l'immense population de la métropole , parmi laquelle on distingue facilement les mouvemens précurseurs d'une nouvelle tempête , et que contiennent avec peine la force et la plus active surveillance : qu'on envisage sur-tout les passions , l'anarchie et la misère travaillant sourdement ce peuple si doux autrefois et si civilisé , et menaçant de le réentraîner encore dans l'abîme duquel il sort à peine ; l'on sentira alors ce qu'on doit penser des assertions absurdes répandues sur des demi-sauvages qui n'ont ni les mêmes affections, ni le même intérêt au rétablissement de l'ordre et d'un état permanent de tranquillité. Qu'on considère enfin ces départemens malheureux , dont les déchiremens ont tant de rapport avec ceux des colonies. D'après leur situation actuelle , d'après les fléaux qui continuent de les dévaster, et que rien n'est capable de suspendre , on peut juger du prétendu rétablissement d'une contrée que son éloignement met hors de portée de recevoir les mêmes secours et les mêmes moyens de repression. Si au milieu même de la France , des contrées immenses et populeuses sont en proie au ravage et à l'abandon , malgré tous les efforts faits pour les pacifier et les rétablir ; si des terres fertiles y restent incultes , et ne sont plus que des champs de bataille et de destruction , où des hommes féroces et fanatiques exercent journellement toutes leurs fureurs, que dois-ce être d'une colonie encore plus malheureuse, d'une colonie qui a vu s'évanouir en un clin-d'œil tout ce qui la faisait fleurir, et qui ne peut désormais le recouvrer que par une vaste combinaison de moyens qu'il est impossible d'employer dans ces tems de calamité, et à laquelle la sagesse soutenue de nombreux secours peut seule atteindre ? Les richesses coloniales ne s'obtiennent pas comme les moissons d'Europe : la culture n'est que la moindre des opérations qui les produisent; encore est-elle devenue impraticable par la défection des bras qui y étaient employés ; et toutes les autres le sont encore plus, par la destruction entière de ces machines compliquées , de ces nombreux établissemens , dont la restauration est trop au-dessus des forces et de l'intelligence de ceux qui les ont détruits, quelque bonne volonté qu'on leur suppose. Les somptueux monumens qui embellissaient Saint-Domingue, avaient coûté trop de soins et de sacrifices à la métropole, pendant les deux siècles que des hommes laborieux et patiens ont employés à les conduire au point où nous les avons vus , pour croire à leur rétablissement subit : à moins que leurs ruines ne se soient miraculeusement rassemblées d'elles-mêmes , il serait trop absurde de se persuader qu'un pareil effort puisse être effectué, ou seulement entrepris par la colonie elle-même , sans aucun concours étranger. Il y a mieux, je connois si bien toutes les difficultés de cette opération importante, que je la crois supérieure aux facultés actuelles du commerce national, supérieure même au pouvoir du gouvernement, à moins qu'il ne se hâte de modifier le système auquel il paraît s'acharner. Quant aux dispositions pacifiques des noirs, et à cet ardent amour dont ils se sont tout-à-coup sentis pénétrés pour leur nouvelle patrie, il suffira d'un exemple moins éloigné, et pris parmi des hommes que les progrès des lumières et la civilisation ont dû rendre moins farouches et moins aveugles sur leurs propres intérêts, pour connaître ce que doit être une horde sauvage, livrée sans défense à la séduction et à l'intrigue, et pour apprécier les intentions et la bonne-foi de ceux qui se sont arrogé le droit de diriger ses mouvemens. Il suffira, pour apprécier ces bruits, de considérer l'invincible opiniâtreté de ces brigands, qui, par la manière de combattre, et sous d'autres rapports, ont tant d'analogie avec ceux de Saint-Domingue, et qui depuis quatre ans, ainsi que ceux-là, infestent les plus belles contrées de la France, et portent leurs ravages au loin : presque toujours vaincus et se multipliant à chaque défaite, paraissant acquiescer à des traités qu'ils sont toujours les premiers à violer, et ne laissant désormais d'autre espérance, pour parvenir à les réduire, que celle qu'on peut fonder sur les terribles moyens de rigueur et d'extermination. Et pourtant ces hommes sont Français; leur fureur et leur haîne ne sont pas du moins alimentées par cet éloignement, qui presque toujours divise les peuples d'origine différente, mais surtout le blanc et le noir : ils ne sont pas incapables, ainsi que ce dernier, d'apprécier les avantages qui leur sont offerts pour prix de leur soumission, et qu'ils rejettent avec dédain. Enfin, cernés de toutes parts, et près d'être accablés par une puissance qui peut, d'un moment à l'autre, déployer contre eux des forces auxquelles ils tenteraient en vain de résister, ils n'ont plus que la perspective de succomber tôt ou tard. Qu'on fasse maintenant le rapprochement de leur position avec celle des Africains maîtres d'une contrée où rien n'est capable de s'opposer à leurs volontés, et où toutes leurs affections sont renfermées, divisés d'inclinations et d'intérêts avec tout ce qui est au-delà de ses bornes, trop éloignés pour sentir la main qui tenterait de les diriger ou de les réprimer, et ne connaissant de liberté que celle que l'homme tient de la simple nature. Si les premiers, environnés de dangers et de la presque certitude de périr misérablement, opposent une constance et une fureur inouies à tous les efforts faits pour les ramener par la douceur, ou les réduire par la force, que doit-on attendre des autres ?

Je n'ignore pas ce qu'il peut y avoir de vrai

H 3

dans les rapports proclamés avec affectation par des plumes officieuses , sur un prétendu rétablissement dont j'ai calculé froidement la possibilité , comparée aux obstacles qui s'y opposent. J'ai examiné la question sous tous ses rapports, et j'ai prévu , dans cet ouvrage , tout ce qui peut arriver de plus favorable ; j'ai même poussé, sur ce point, l'hypothèse beaucoup au-delà des probabilités, et j'ai démontré qu'en supposant les choses encore mieux qu'elles ne sont , ce n'est pas une raison pour qu'elles s'y maintiennent et bien moins encore pour qu'elles parviennent au degré de bien où l'on doit les desirer ; et je me suis fondé sur ce que les causes graves du mal étant toujours existantes , les effets peuvent se calmer un instant , mais pour éclater bientôt avec une nouvelle violence.

La juste vérité est , que Saint-Domingue s'enfonce de plus en plus dans l'abîme de la destruction , à mesure que ceux qui en sont devenus les dominateurs , s'endurcissent dans l'habitude de la licence , et qu'ils s'éloignent du souvenir de leurs travaux et de leur ancienne dépendance. Ses plus belles contrées sont depuis long-tems ravagées et incultes ; tout le reste , incendié ou non , est réduit à un état tout aussi déplorable. En un mot, cette colonie, privée des bras qui la cultivaient, n'est plus qu'un désert infesté par des bandes nombreuses de brigands , dont quelques-uns travaillent à peine pour se substanter , tandis que le plus grand nombre, occupé seulement de guerre et de dévastation, achève de tout anéantir, et de mettre la dernière main , à la destruction de tout ce qui peut lui rappeller son ancienne servitude.

D'un autre côté la France , sans offrir un coup-d'œil aussi désespérant , se trouve déja accablée de tous les maux qui doivent nécessairement résulter pour elle de ceux de sa colonie. Son commerce anéanti, son industrie subitement évanouie, la disparution de tous ses moyens de splendeur, semblent nous ramener à ces siècles barbares , où les peuples n'étaient que cultivateurs et guerriers , et végétaient dans l'ignorance , l'inaction et la misère : ses célèbres villes de commerce sont tombées dans une langueur mortelle , et ressemblent à ces cités prises et ravagées après un long siége , et que le vainqueur aurait dépouillées de leurs trésors et de tout ce qui les rendait florissantes : leurs ports couverts autrefois, de nombreux vaisseaux, et remarquables par un mouvement prodigieux et continuel, ne contiennent plus que quelques bâtimens désemparés et condamnés à l'inaction : l'agiotage infâme y a usurpé la place de ces opérations multipliées, qui étaient pour une population immense et laborieuse, pour le riche comme pour le pauvre , une source inépuisable d'activité et de succès ; plus de liaisons au-dehors ; plus de liaisons avec ces colonies auxquelles ces villes devaient leurs richesses et leur grandeur, comme celle-ci leur devaient leur splendeur et leurs prodigieux accroissemens. Ce n'est plus l'entrepôt où l'Europe et l'Asie venaient puiser des denrées coloniales ; et la médiocre quantité qu'on y voit encore, est chèrement achetée pour nos besoins, de l'étranger qui les recevait autrefois de nous ; et l'on n'y parle pas plus de nos colonies, que si le souvenir en était éteint, ou que l'on eût perdu tout à fait l'espérance de leur rétablissement, ou comme si ces possessions n'étaient plus qu'un objet d'indifférence pour ceux-là même qu'elles ont enrichi. Mais rien n'est plus affligeant pour l'homme, qui a vu l'éclat dont elles brillaient, rien n'annonce plus leur profond accablement que le silence morne qu'elles gardent, pendant qu'on agite des questions qui intéressent directement le commerce national, questions sur lesquelles, jadis, on n'eût osé passer outre, sans avoir son avis et son assentiment, et dont, soit par crainte, soit par insouciance, il abandonne la décision à des jurisconsultes, à des métaphysiciens, et aux hommes qui lui sont le plus étrangers.

C'est dans les ports de mer, c'est dans leur inertie mortelle, qu'on peut voir la preuve de la fausseté des bruits répandus avec affectation, sur Saint-Domingue. Accoutumés au mouvement rapide des affaires avec cette colonie, attentifs à ne laisser échapper aucun des

avantages qu'elle pourrait leur procurer , Bordeaux ,
Nantes ou le Havre négligeraient-ils d'y envoyer , s'il
y avait quelque chose à recueillir. Dans un tems où
nous sommes forcés de recevoir leurs denrées des
mains de l'étranger , et qu'elles ont acquis un prix
inouï , y a-t-il de risque capable de balancer les bénéfices qu'il y aurait à faire , et d'empêcher nos vaisseaux de pénétrer à Saint-Domingue , s'il y avait
quelque chose de solide à opérer ? C'est , dit-on ,
l'effet de la guerre actuelle ; et leurs spéculations re-
commenceront dès que les mers, infestées par un ennemi puissant, seront redevenues libres..... Non ! le
répéterai-je encore , la paix ne peut guérir que les
maux qne la guerre a faits : ce n'est point la guerre et
les fléaux qui en sont inséparables , qui nous ont réduit à cet excès de misère : ce sont nos propres fureurs, c'est la rage exterminatrice des factions qui se
sont , tour-à-tour, accablées, sans cependant s'écarter
d'une ligne de leur système commun de destruction.
Dans quelle guerre si longue et si désastreuse a-t-on
vu la France parvenue au degré d'épuisement où elle
se trouve ? Quelles guerres civiles, religieuses ou politiques a-t-elle essuyé, dont les désastres et les résultats puissent entrer en comparaison avec ce qu'elle a
éprouvé en quatre ans ? Mais je ne suis pas du nombre
de ceux qui s'efforcent de confondre la gloire dont
son nom est couvert au-dehors, avec l'infamie dont le
crime l'a souillée au dedans. Loin de chercher à ter-

nir ce que la lutte formidable qu'elle soutient contre presque toute l'Europe, a de grand et d'honorable pour elle, mon objet est d'établir une distinction entre les maux qu'elle a du entraîner et ceux qui lui sont étrangers, et auxquels, par conséquent, sa cessation ne saurait apporter de changement. Ce n'est pas elle qui a causé la perte de Saint-Domingue : cette colonie était baignée de sang, et à moitié détruite avant que la guerre fût déclarée. Les Polverel et les Santhonax avaient déjà mis la dernière main à cette œuvre d'iniquité, avant que le premier vaisseau ennemi eût abordé sur ses côtes. Ce n'est pas elle enfin, qui a ruiné notre commerce, nos manufactures, et attaqué tous les élémens de l'industrie nationale : jamais la guerre la plus sanglante et la plus malheureuse ne produisit un semblable effet ; et malgré nos puissans efforts pour déjouer les trames du dehors, tout cela existerait encore, et nous ne serions pas si misérables, si des mains sacriléges, dirigées par l'esprit de vertige, ou peut-être par l'impulsion secrète de nos ennemis, ne nous avaient causé au dedans des plaies mille fois plus profondes.

Au reste, quelques différentes que paraissent les causes des maux dont la France est accablée à-la-fois, je ne suis pas éloigné de les attribuer au même principe. En suivant le fil des évènemens, on voit que leurs effets sont les mêmes. De quelque manteau que se couvrent leurs artisans, ils semblent indiquer le même but, qui est d'appauvrir la France par le brigandage et l'anarchie, d'éteindre l'esprit public à force de misère, et de faciliter ainsi l'exécution des desseins, soit de l'ennemi, soit ceux qui sont particuliers aux machinateurs de ces obscurs complots. Les malheurs auxquels il était naturel de s'attendre, ont été presque miraculeusement détournés jusqu'ici, mais que faut-il espérer pour l'avenir ? Qu'attendre de ces loups cruels qu'on voit aujourd'hui se couvrir des vêtemens du berger, et qu'on entend parler de rétablissement de finances, d'arts et d'ordre public, après avoir employé tous leurs efforts à tout détruire ? Il n'est guères permis de compter sur la sincérité de l'éloge du commerce et de l'industrie, fait par ceux-là même qui ont prononcé leur proscription, et qui pour les relever, ne changent rien aux plans désastreux formés exprès pour les anéantir. Les discours pompeux de certains hommes qui crient aujourd'hui au vandalisme, ne sauraient empêcher de les compter au nombre des plus furieux désorganisateurs, et de regarder leurs intentions et leurs vues comme le plus grand obstacle qui s'oppose au retour du bien. Il est impossible de croire une conversion sincère, lorsque rien n'annonce qu'on se dispose à revenir sur ses pas ; et pourtant quel autre moyen y a-t-il de réparer des malheurs déjà consommés, et de prévenir ceux qui peuvent survenir encore, que de remonter aux causes qui les ont produits ? Entre cent autres, je demanderai à cet homme qu'on voit avec un sentiment de pitié et de mépris, ambitionner la gloire de soutenir, de sa faible main, l'édifice antique qu'il a le plus contribué à ébranler; à cet homme qui plaide, tour-à-tour, la cause de la religion et des beaux arts avec autant de zèle que s'il n'avait pas coopéré à leur renversement; à ce fameux Grégoire enfin, qui a disputé aux Brissot, aux Péthion et aux Robespierre, le funeste honneur des déchiremens de Saint-Domingue, et qui prêche maintenant avec ferveur, l'union et la concorde; lui qui le premier a soufflé, dans le sein des simples habitans des Antilles, tous les fermens de la révolte et du plus féroce fanatisme; je lui demanderai, dis-je, quels sont les moyens qui nous restent pour réparer les maux que lui et ses pareils nous ont faits. Je demanderai également à ses dignes coopérateurs, à ceux qui, après avoir si facilement fait le mal, éprouvent tant de peine à le réparer, comment, sans colonies, sans marine et sans manufactures, ils peuvent espérer quelque fruit des soins qu'ils se donnent pour rétablir les finances, et pour r'ouvrir la source de la prospérité nationale. Comment y parvenir, lorsque tous les canaux sont desséchés; lorsque, par le concours des circonstances et d'une suite non interrompue d'opérations désastreuses, le numéraire de la France est réduit au quart de ce qu'il était, sans espoir ni moyen de retour, et qu'il achève de s'écouler, malgré la plus active surveillance, du sein d'un état qui, par son

commerce et son industrie, ne cessait autrefois d'attirer, sans effort, celui de l'étranger ? Où tendent ces
projets de finance qu'on voit se succéder rapidement,
qui tous se contrarient et ne se ressemblent qu'en ce
que leurs auteurs croient tous également trouver la
source du mal dans ce qui n'en est qu'un des effets,
et que, quoique sentant bien qu'elle est notre dénûment actuel, aucun n'a su ou n'a osé en sonder ni indiquer les véritables causes. Les dépenses occasionnées par une guerre terrible, et les dilapidations
contribuent sans doute à l'aggraver de plus en plus ;
mais la cause immédiate en est, je ne cesserai de le
dire, dans la stagnation du commerce. Tant qu'il
restera dans son état de stupeur, et qu'on ne saura
pas, en ranimant sa confiance, l'intéresser directement
aux opérations projettées, les plus faciles n'obtien-
dront aucun succès, l'abîme s'élargira de plus en
plus, et achèvera de dévorer le peu de ressources qui
restent encore. Son rétablissement dépend de deux
conditions principales : il faut fermer le vaste gouffre
de la guerre et des dépenses qu'elle entraîne, et qui
finiront par engloutir et ceux qui en ont souffert, et
ceux qui ont su en profiter pour accumuler de criminelles richesses : il faut relever le crédit et tendre à
l'industrie une main protectrice et puissante ; et pour
cela il ne faut rien moins que rétablir préalablement
les colonies, qui en sont le plus ferme appui, non
avec des plans chimériques et incertains, mais avec

des moyens dont la bonté soit connue et réponde d'a-
vance du succès. Qu'on s'occupe sans tarder de rendre
la vie et leur splendeur première à tous ces anciens
élémens de la prospérité nationale, ou tout est perdu
sans ressource. Voilà les seuls moyens de sauver la
chose publique : voilà les seuls plans de finance qui
puissent ranimer le crédit et captiver la confiance. Sans
ce préalable, tous ceux qu'on présentera dorénavant,
seront, ainsi que ceux qu'on a déjà vus et dont un
éternel oubli a fait justice, regardés comme des romans politiques dont les fabricateurs ignorans disputent entr'eux de présomption et d'ineptie.

Nos ennemis, acharnés à notre perte, nous attendent, n'en doutons pas, au dernier degré d'épuisement. Ils connaissent mieux que nous-mêmes le résultat infaillible de nos erreurs ; ils savent que, destitués de ce qui faisait notre force, la constance
héroïque que les Français ont opposée à leurs efforts
multipliés, ne peut tarder de se lasser et que c'est
une corde d'autant plus près de se rompre, qu'elle
est plus fortement tendue. Nous compterions en vain
sur une paix solide et durable, si nous ne pouvons
prendre une attitude imposante du côté des ressources.
Si l'ennemi, harassé lui-même, consent à la faire,
ce ne sera qu'une paix simulée, ou plutôt un ar-
mistice ; pour donner à la France le tems de se ré-
froidir et de tomber dans le dernier excès du ma-
rasme : elle sera ensuite le lion malade et impuissant,

que les animaux attaqueront de concert et sans danger, et dont ils se partageront les dépouilles.

Eh ! qu'importent nos conquêtes rapides et nos miraculeux succès ! Malgré le sang et les sacrifices qu'ils nous coûtent, je respecte, je dis plus, je suis convaincu de la nécessité de diminuer, autant qu'il sera possible, la puissance d'un ennemi implacable, et de lui-arracher désormais les moyens de nous nuire. Mais sans commerce extérieur, sans cette ancienne et vivifiante industrie, que feront pour la prospérité nationale, quelques possessions de plus? D'ailleurs, n'oublions pas combien la fortune est inconstante et que nous ne frappons pas au-dehors, un seul coup qui ne cause au dedans un ébranlement, un contre-coup horrible. Combien serait aveugle et coupable le gouvernement qui fonderait là-dessus sa grandeur et sa puissance ! Apprécions désormais chaque chose à sa juste valeur, et disons que les plus glorieuses victoires ne sont pas à comparer aux succès bien moins brillans, mais bien plus solides du commerce et de l'industrie ; et qu'une flotille marchande entrée dans nos ports, vaudrait mieux pour le bonheur général, que dix provinces conquises....

Il est une paix bien plus précieuse : c'est la paix intérieure qui n'existe que par l'intérêt que chacun trouve à la maintenir, et dont la cessation fait à un état plus de mal que tous ses ennemis extérieurs réunis contre lui. Eh ! comment l'espérer cette paix ; comment se flatter qu'un peuple immense et trop accoutumé aux convulsions politiques, redevienne paisible et se range sous le joug salutaire des lois, s'il a perdu tout ce qui l'attachait à son état et à sa patrie, et si privé de travail et de ses moyens ordinaires d'exister, il ne trouve de ressource que dans le désordre et l'anarchie. S'il manque de tout, comment résiste-rait-il aux suggestions perfides de ces brigands, qui savent si bien saisir le moment où il souffre pour mieux le séduire, et s'appitoyer sur ses maux pour le soulever et en faire l'instrument terrible de nou-veaux forfaits ? Ce n'est pas tout que de faire sonner à son oreille le mot séduisant de liberté et d'égalité : quelque idée qu'il présente à son imagination, quelqu'enthousiasme qu'il excite en lui, il se refroi-dira, si on ne lui assure la subsistance et le bonheur. Le peuple a fait la révolution pour augmenter son aisance, et non pour voir disparaître tout ce qui pouvait la lui procurer. Sa constance soutenue par l'espoir que sa misère serait diminuée, doit se lasser du moment qu'il s'apperçoit que tout tend au con-traire à l'aggraver. Du pain, du travail et un peu d'aisance, voilà la métaphysique de la multitude, voilà ce qui l'attache à la paix et à sa patrie. Le meilleur de tous les gouvernemens est à ses yeux, celui qui lui assure ces biens, les seuls qu'elle am-bitionne. On aura beau lui vanter l'excellence de

celui

celui sous lequel elles les a perdus ; si on ne s'empresse de les lui rendre, rien ne pourra l'empêcher de se rappeller le passé, de s'en exagérer avec regret les avantages, en oubliant les maux qui les balançaient, et de le comparer tristement au présent. O vous qui vous êtes chargés de la tâche difficile de la conduire, hâtez-vous de lui rendre ses anciennes occupations, et de fournir des alimens à son industrie et à son activité : ne perdez pas un moment pour rétablir ce mouvement duquel dépendait son existence ; revivifiez le commerce et les manufactures ; et pour y parvenir, rendez, avant tout, la vie à ses colonies qui, indépendamment des richesses qu'elles procuraient à l'état, fournissaient du travail et la subsistance à six millions de bras ; ou redevenus des tigres féroces, ces hommes égarés par le besoin et l'extrême misère, ne connaîtront plus ni amis ni ennemis : ils déchireront le sein de leur patrie malheureuse, et finiront par précipiter dans le même gouffre et ceux qu'on leur a signalés au commencement des troubles, comme les auteurs de leurs maux, et ceux qui en leur promettant de les en affranchir, n'ont fait que les rendre plus pesans. . . .

Mais cette vérité n'est plus contestée : enfin d'ineptes enthousiastes n'osent plus mettre en problème l'utilité de ces colonnes fondamentales de la fortune publique, et l'on sent généralement la nécessité de les conserver, et de leur rendre leur ancien éclat. L'opinion ne varie que sur les moyens. J'ai démontré l'absurdité et l'incohérence de ceux qu'on a adoptés : il me reste à exposer ceux que je crois devoir leur être substitués, et qui sont, à mon avis, les seuls propres à remplir l'objet qu'on se propose.

D'après l'indignation profonde dont j'ai été pénétré, et que j'ai manifestée contre ceux qui ne se glorifient de rien moins que du titre de régénérateurs de Saint-Domingue, parce qu'ils ont fait couvrir cette colonie de sang et de ruines, et qui prétendent avoir bien mérité de l'humanité, parce qu'ils ont procuré à quelques Africains, assujettis autrefois à l'ordre et au travail, la libre faculté de s'abandonner sans frein à tous les excès dont l'espèce humaine, corrompue et abrutie, puisse être capable; d'après tout ce qui précède, dis-je, l'on m'a peut-être jugé et l'on me regarde déjà comme le partisan déclaré d'un état pour lequel la nature n'a pas créé l'homme. J'ai dévoilé les causes de ces affreux déchiremens, j'ai aidé à connaître les intentions d'après les faits, et j'ai vu, sous le même point de vue, tout ce qui sortait de la même source : en voilà assez, sans doute, pour que ceux-là qui y ont coopéré en prennent avec ardeur la défense, pour qu'ils déversent à pleines mains sur moi la calomnie et les imputations flétrissantes, et se servent, pour me combattre , de leurs armes familières contre quiconque ose entreprendre de les démasquer. De même que tout ami de la vérité et de la vertu , qui cherche à mettre au grand jour les forfaits d'Europe , est aussitôt déclaré ennemi de la révolution , de la liberté , et partisan du despotisme , celui qui dévoile ceux qui ont ensanglanté l'Amérique , doit s'attendre à être dénoncé comme un vil fauteur de l'esclavage : ils m'accuseront de tendre visiblement à le rétablir. Certes , je dois m'attendre qu'ils condamneront jusqu'aux larmes que je verse sur tant de calamités , et qu'ils ne me pardonneront pas la haîne que je parais porter à leurs auteurs. Mais que m'importe leur opinion et les inductions qu'ils tireront de celle que j'ai manifestée. Ce ne sera pas à leurs yeux que je chercherai à la justifier : je n'ai eu en vue jusqu'ici , ni de les attaquer , ni de les persuader ; et je n'ai entrepris de traiter cette question délicate que pour éclairer l'homme de bonnefoi , et le mettre en garde contre ce que de vains prétextes peuvent avoir de spécieux et de plausible. C'est à lui seul que je dois compte de mes sentimens ; et mon devoir est rempli du moment qu'ils sont conformes aux véritables intérêts de ma patrie, à l'humanité que je me propose par-dessus tout de servir , et à tous les motifs qui doivent animer un sincère ami du bien.

Je ne crains pas plus le reproche d'avoir cherché,

par mes opinions, à porter atteinte à des lois respectables, comme telles, quelqu'en soit l'injustice
et l'inconsidération ; je déclare que nul n'est plus
que moi porté, par principes, à respecter l'expression de la volonté générale, légalement constatée,
lorsqu'elle n'est pas visiblement l'ouvrage de l'esprit de parti ; mais sur-tout lorsqu'elle ne doit pas
être infiniment funeste et dangereuse par ses effets
inévitables. C'est sous ce point de vue que j'ai osé
envisager celle dont j'ai entrepris de démontrer le
danger, et sur les résultats de laquelle l'évènement
n'a que trop justifié ma sollicitude. Je n'hésite pourtant pas à avouer que si elle avait été ponctuelle-
ment exécutée, elle aurait été peut-être suivie de
beaucoup moins d'inconvéniens : mais on sait, et
les exemples en sont fréquens, que les provoqua-
teurs d'une loi ne sont pas toujours les plus fidèles
à s'y conformer, et que souvent ceux qui en avaient
l'initiative s'arrogeaient le droit d'en étendre ou
d'en restraindre les dispositions au gré de leurs caprices ou de leurs intérêts. J'ai eu occasion d'observer que la loi du 16 pluviose, (1794 v. st.)
ne devait avoir son exécution que d'après un mode
que le comité de salut public fut chargé de méditer
et de présenter. Il ne fut plus question depuis, de
cette mesure importante qui aurait pu applanir bien
des difficultés. Ou le comité de salut public accablé
de soins ne put s'en occuper, ou sentant combien

cette matière était délicate , il voulut la traiter avec
lenteur et maturité , et rien ne défendait de se flatter
que sa prudence obvierait à ce que cette mesure
avait d'impolitique et de dangereux. Mais l'empressement de ceux qui l'avaient arrachée d'emblée
ne permit pas de conserver long-tems ce reste d'espérance ; et le fatal décret porté à Saint-Domingue ,
sans mode ni préparation , ne fit qu'aigrir un mal ,
qu'avec plus de prudence il eût pu suspendre et
adoucir momentanément. Il est inutile d'examiner
ici quel pouvait être le but du législateur , en ren-
voyant le soin de trouver ce mode à une commission
particulière : c'était peut-être pour temporiser : c'était
du moins reconnaître implicitement son importance et la difficulté de concilier de grands intérêts
qui paraissaient être en opposition. Cette condition
capitale et indispensable n'ayant pas été remplie , il
est bien permis de regarder comme non avenue une
décision qui ne pouvait être que provisoire , et
acquérir force de loi qu'après qu'on en aurait fixé
sa disposition la plus essentielle , celle qui devait
déterminer l'exécution de toutes les autres. Les choses
étant restées de droit dans le même état, c'est à ce mode
que je reviens maintenant. Le comité de salut public
n'a point rempli la tâche intéressante qui lui fut confiée ;
je vais l'entreprendre , et ce qui va suivre peut en être
considéré comme le développement raisonné. Au
reste , que je sois ou non d'accord avec les autorités

qu'on a indiscrettement mêlées dans cette question, il me suffit de l'être avec la justice, la raison, et avec les principes d'intérêt public et de l'humanité.

Reviendra-t-on sur ses pas, et regardant tout ce qui a été fait comme non avenu, faudra-t-il, pour relever la colonie de Saint-Domingue, y rétablir purement et simplement l'esclavage, et y ramener tous les abus de l'ancien ordre de choses ?

Je sais qu'il y a des hommes pour qui les leçons terribles des évènemens ne sont rien, et qui laissant de côté tout ce qui condamne leurs préjugés, en adoptant avidement tout ce qui les flatte, argumenteront de tout ce qui est arrivé pour prouver la nécessité d'un nouveau bouleversement. Pour moi je crois fermement que des malheurs sont peu propres à remédier à des malheurs, et que dans ce cas-ci, il n'y a que l'aveuglement et la prévention la plus obstinée qui puisse n'en pas prévoir. Ah ! sans doute, parmi le grand nombre de ceux qui par un instinct bienfaisant, et par un véritable amour de l'humanité desiraient l'extirpation d'abus réellement existans, il en est peu, ou pas un seul, qui n'eût frémi et préféré mille fois que les choses restassent dans le même état, s'il eût prévu les maux affreux par lesquels les premiers devaient être effacés ; mais quand le mal est consommé, et que le torrent destructeur a été tel que rien n'a été capable de rallentir ses ravages, faut-il, lorsqu'il sera passé, rétablir sans thoix et le bon et le mauvais, qu'il a également anéantis ? Que peut faire de plus l'homme juste que de gémir sur le passé, et de faire des vœux pour que l'on ne perde pas le fruit des évènemens et de l'expérience coûteuse qu'on a acquise ? Non, non ! il n'est plus tems de regarder en arrière : le point d'où l'on est parti est trop éloigné, et vouloir y retourner serait se précipiter dans de nouveaux dangers, dans de nouveaux déchiremens : ce serait vouloir traverser encore des fleuves de sang ; que la fureur et la violence s'arrogent la funeste gloire d'avoir subitement renversé un système dont les corrections eussent exigé toute la circonspection et toute la maturité de la sagesse ; mais il faut bien se garder de les imiter en rien. Un rétablissement, quel qu'il soit, est subordonné à tant de conditions, et exigent un tel accord des volontés, qu'il peut devenir impossible ou bien difficile à opérer ; mais il est indubitable qu'une réaction, c'est-à-dire des efforts opposés pour remettre les choses sur l'ancien pied, de quelques succès qu'ils fussent couronnés d'abord, ne produiraient que des fruits éphémères, suivis bientôt après par de nouvelles convulsions.

Quels que soient les moyens affreux qui ont été mis en usage pour détruire l'esclavage à Saint-Domingue, les maux que son renversement a produits, ne sont pas une raison pour que l'homme de bien cesse de le regarder comme un mal en lui-même, et pour qu'il se persuade, d'après les résultats qui l'ont suivi, qu'il soit nécessaire d'y revenir. Quand même un changement inverse pourrait, ce que je ne pense pas, s'y opérer et s'y soutenir sans violence, à Dieu ne plaise que je desire de voir dans cette colonie le règne affligeant de ces mêmes abus, qui servirent de prétextes aux forfaits sous lesquels on l'a vue succomber ! Quelque soit mon infortune, de quelqu'amertume que mon ame soit abreuvée, la justice et la vérité l'emportent, et je déclare que nul ne déteste plus que moi ces barbares usages qui me pénétrèrent souvent de douleur, et dont je regarderais l'anéantissement comme un effet de la vengeance céleste, si tant d'innocens n'avaient été confondus avec quelques coupables, ou plutôt si on n'avait vu des hommes criminels échapper aux malheurs qui ont englouti des milliers de Colons justes et humains. Loin de moi la seule idée d'être témoin des mêmes excès ! Mon sort actuel ne me paraît pas plus difficile à supporter que l'idée de revoir à côté de moi un de ces bourreaux cruels et sanguinaires, auxquels j'attribue les causes primitives de ma ruine, empoisonner encore par le spectacle journalier de ses fureurs, le bonheur et la paisible sécurité dans laquelle je vivais au milieu de mes coopérateurs, au milieu de ces êtres que je regardais comme mes enfans. Les maux présens ne m'ont pas fait oublier entièrement ceux qui sont passés : je dis même que si j'entrevoyais la moindre apparence de succès en faveur d'un régime qu'on prétend substituer à celui qu'on a fait écrouler avec tant de fracas, je m'y attacherais avec ardeur, avec enthousiasme, et je me ferais un devoir de le seconder de tous mes efforts. Mais sans me laisser aller à aucune prévention, par le souvenir des désastres qui l'ont précédé, sans m'abandonner au sentiment de mes propres maux, je porte au fond de mon ame et de ma conscience la conviction que ce régime ne peut produire à aucun égard les effets qu'on paraît en attendre, et qu'il est de toute nécessité de recourir à un plan plus conforme aux intérêts de la France, plus conforme même aux vues bienfaisantes de l'humanité, et au bonheur permanent du peuple dont on s'occupe.

Il était une manière lente, mais humaine, mais aussi sûre qu'efficace d'amener insensiblement à la civilisation, à la liberté et au bonheur des hommes dégradés et flétris par la longue habitude de l'esclavage. Cette manière fut enseignée par les Rousseau, par les Mably, et après eux, par Raynal, dont la plume éloquente fit passer dans tous les cœurs les sentimens divers dont le sien était rempli; mais qui en voulant éclairer ses semblables et coopérer à la diminution des maux qui pesaient sur l'humanité, n'eut jamais l'intention de causer ni convulsions ni embrâsemens. Quelque fût l'indignation profonde dont ces grands hommes furent pénétrés, en voyant une partie du genre humain accablée sous le faix du malheur et des préjugés, jamais ils n'invoquèrent la violence pour l'en affranchir ; et leurs écrits, brillans à-la-fois de chaleur et de sagesse, ne contiennent que des leçons de prudence et de ménagemens, pour parvenir sûrement à les extirper. Que n'ai - je leurs talens, comme je crois avoir leur sensibilité et leur haîne pour le crime ! Que n'ai - je les mêmes droits à me faire écouter...... Mais eux-mêmes eussent-ils pu se faire entendre? et si, comptant sur le respect dont leur nom seul était environné, ils avaient tenté dans ces tems de subversion et de frénésie, d'arrêter, par leurs conseils, le mouvement furieux et terrible imprimé aux esprits, ne fussent-ils pas devenus les premières victimes de la rage sanguinaire de ceux-là même qui avaient le plus affecté de préconiser leur génie et leurs maximes, et qui avaient débuté sur la scène politique en s'honorant du titre de leurs disciples?...... Si la plupart des malheureux Colons, au milieu de leur prospérité, avaient pu méditer leurs devoirs dans leurs ouvrages, et y lire les terribles prophéties qui les y menaçaient ; si l'homme, enivré par les succès, pouvait entrevoir les dangers qui l'environnent, ils se seraient hâtés, n'en doutons pas, de les conjurer, et de prévenir les désastres qui ont anéanti leurs fortunes, en se conformant à leurs sages préceptes, et en embrassant avec ardeur les moyens de salut qui leur étaient offerts. Heureux, tranquilles, et uniquement occupés à augmenter leur opulence, ils ne virent malheureusement l'abîme que lorsqu'il était près de les engloutir : vainement eussent-ils alors reconnu leur erreur, et accepté les conditions qui pouvaient encore les sauver. Du moment que leur ruine fut irrévocablement arrêtée, comment leur soumission eût-elle pu déjouer les machinations de l'intrigue et du crime ; et supposé que pour détourner l'orage ils eussent saisi ces tempéramens comme une planche au milieu du naufrage, pense-t-on qu'ils n'auraient pas été dédaigneusement rejettés par ces hommes qui avaient leur plan tout arrêté, et qui pensent qu'on ne peut régénérer un peuple qu'en le baignant dans des flots de sang, et le conduire à la liberté qu'à travers les ruines et les cadavres ? Que les artisans des déchiremens coloniaux cessent d'en rejetter l'horreur sur leurs victimes, et d'en attribuer la cause à leur avarice. Ils savaient bien d'avance, que le moyen sûr de les rendre opposans à leurs prétendus projets de régénération, était d'alarmer leur intérêt, et de leur laisser entrevoir la perte infaillible de leurs fortunes : ils savaient bien que que pour les entraîner dans des extrêmités fâcheuses, et les plus propres à les faire paraître coupables, il suffisait d'attaquer leurs propriétés, et de ne leur laisser que l'alternative de se défendre ou de périr. Mais est-il tems encore de revenir aux conseils de la modération et de la sagesse ; la fureur et le fanatisme, devenus moins violens par la réussite de leurs desseins, permettront-ils enfin que leur voix se fasse entendre?

Les hommes que la confiance des peuples chargea autrefois de faire des lois, ou de corriger celles qui existaient, étaient des sages éclairés par la méditation, par une longue expérience, et enrichis de vastes lumières qu'ils devaient non-seulement à leur propre génie, mais encore qu'ils empruntèrent avec lenteur de leurs pareils et de toutes les nations de l'univers alors connu. Leurs institutions nouvelles eurent pour base celles même qu'ils entreprirent de refondre, et jamais on ne les vit commencer par tout renverser pour réédifier tout de nouveau. La précipitation et la violence ne furent pas du nombre des moyens que leur rare prudence leur suggéra pour parvenir aux succès glorieux qu'ils obtinrent. C'est d'eux que nous tenons qu'au lieu de guérir les maux d'un état, elles ne sont propres qu'à les aigrir ; et qu'au lieu d'amender les mœurs d'un peuple, elles ne font que les corrompre davantage. Quelle que fût la docile et vertueuse simplicité de ceux dont le bonheur fut l'objet de leurs travaux, ils surent qu'il faut plutôt voir les hommes tels qu'ils sont que tels qu'ils devraient être. Aucun d'eux n'osa concevoir le projet de créer des gouvernemens sans défaut, et de former des hommes sans faiblesse ; et quoique les ames neuves et énergiques de ceux qu'ils se chargèrent de diriger, offrissent de grandes facilités à leurs opérations , aucun ne se flata jamais de les faire atteindre au degré de perfection politique et morale auquel nos sages modernes ont prétendu conduire tout-à-coup des générations vicieuses et corrompues.

Si un autre Solon fût venu au milieu des habitans noirs de Saint-Domingue , rempli des préjugés régnans dans ces tems derniers contre l'esclavage (car les anciens, à qui on ne disputera pas de se connaître en liberté aussi bien que nous , ne pensaient pas comme on pense aujourd'hui sur ce point. Le rigide Lycurgue n'imagina jamais que pour régénérer sa patrie et pour le bien de l'humanité, il fût nécessaire d'affranchir les Hilotes , et encore moins d'armer leurs mains de torches et de poignards. Les Athéniens , les Romains et les peuples les plus libres eurent des esclaves. Leurs législateurs crurent que sans les en priver , on pouvait leur inspirer l'amour de la vertu et des lois. Mais les instituteurs modernes ont fait autrement : ne prétendant à rien moins qu'à surpasser leurs modèles , ils ont oublié de fonder le règne des vertus pour ne s'occuper que du soin glorieux d'anéantir un usage antique; et en abolissant l'esclavage de quelques hommes , ils ont laissé subsister et se consolider de plus en plus, au milieu d'une population immense, celui bien plus déshonorant des vices et de la corruption des mœurs.) Si un autre Solon , disons-nous, s'était chargé de régénérer cette peuplade sauvage , mais encore plus abrutie par une longue servitude, et de conduire à la civilisation et au bonheur, des hommes dociles sous un joug pesant, mais capables de tous les excès, pour peu qu'ils s'en sentissent affranchis; si n'écoutant ni le langage intéressé de l'avarice, ni ce fanatisme furieux pour qui rien n'est sacré, il eût eu également à cœur de consoler l'humanité trop long-tems outragée, et de concilier ce qui lui est dû avec le maintien de l'édifice le plus délicat qui jamais exista, et avec la considération importante des droits et des besoins de la métropole, quels moyens eût-il employé pour parvenir sûrement à ces diverses fins, dont toutes exigeaient les mêmes ménagemens, à moins de vouloir s'exposer, en en perdant une de vue, de perdre le fruit des autres? Pense-t-on qu'il eût compromis le succès de son propre ouvrage en débutant par où il aurait dû finir, en rompant subitement les chaînes de l'esclavage, et en lui laissant toute liberté de se livrer sans contrainte à tous ses mouvemens? Non, non! il aurait prévu d'avance les évènemens qui sont arrivés, et contre lesquels la prévention s'efforce vainement de se roidir: il aurait su que la jouissance d'un état d'indépendance subit et accordé sans préparation, ressemble à ces breuvages doux, mais capiteux, qui enivrent et transportent de fureur ceux qui en boivent immodérément, au point de méconnaître dans leurs noirs accès la main qui le leur a présenté sans user d'assez de ménagemens. Si la liberté est propre à élever l'ame de quelques hommes, et ne fait germer dans leurs cœurs que des sémences de vertu , elle n'est malheureusement pour la multitude que la coupe enchantée de Circé, qui métamorphose en vils pourceaux ceux dont l'ame n'est pas assez élevé pour en sentir le prix. Tandis que les cœurs grands et faits pour elle y voient des motifs de plus pour s'attacher étroitement à leurs devoirs et à la vertu, les cœurs bas et méchans ne la considèrent que comme l'affranchissement du frein qui comprimait leurs penchans vicieux.

Il est en politique comme en morale des lois immuables et desquelles il n'est jamais permis de s'écarter impunément. Il n'arriva en aucun tems d'obtenir par la violence et la précipitation, ce qu'on ne devait attendre que de la marche lente et circonspecte de la sagesse. Le véritable secret pour conduire les hommes et pour les assujettir à un ordre constant et invariable, est d'élever leurs ames, d'y graver les principes de la morale et de la vertu, et d'opérer insensiblement et sans commotion dans leur état, les changemens nécessaires à leur bonheur. Mais briser tout-à-coup tous les liens qui les retiennent, les transformer en bêtes féroces en exaspérant leurs passions, et les rendre encore plus vils qu'ils n'étaient en les entraînant dans des excès qui leur étaient même inconnus, c'est une méthode propre tout au plus à les replonger sous le despotisme et dans le plus profond avilissement, après

leur avoir fait parcourir tous les degrés de l'anarchie
et du crime. Si une preuve éclatante de ces vérités a
été fournie par une nation renommée par sa politesse
et ses lumières, et au milieu de laquelle, faute d'avoir
usé des précautions convenables, on a vu donner à
l'Europe épouvantée, des exemples effrayans de perversité et de désordres, que dois-ce être d'une peuplade ignorante et barbare, qui n'avait aucun intérêt
à la conservation de l'ordre établi, et qu'on devait
présumer au contraire ne respirant qu'après le moment de le renverser ?

Quelle que soit l'excellence et l'utilité des principes
sur lesquels tout systême social est fondé, il est incontestable qu'ils n'émanent pas directement de la
nature : les meilleurs sont ceux qui s'en rapprochent
davantage ; mais il en est qui doivent nécessairement
s'en écarter : ils ne sont que des conventions des
hommes qui, sentant le besoin de se réunir et d'assurer leur tranquillité, consentirent de renoncer à leur
liberté naturelle et de se soumettre au joug des lois,
pour jouir paisiblement des avantages qu'il procure.
Les premières sociétés ne se formèrent pas tout-à-
coup, et ce fut que peu-à-peu qu'elles se perfection-
nèrent. Ce ne fut qu'en acquérant des lumières et de
l'expérience, ou guidés par les plus sages d'entr'eux,
que les premiers hommes, qui s'unirent par des liens
politiques, purent s'élever à ces hautes combinaisons
d'ordre social, et sentirent l'avantage de faire le sacrifice

crifice d'une partie de leur liberté primitive, pour s'assurer la jouissance paisible de l'autre ; et encore, connaissons-nous l'imperfection des premières sociétés formées : nous connaissons les déchiremens qui en interrompirent l'harmonie. Mais de quel prix pourraient être les avantages qui en résultent, aux yeux de ceux qui n'ont pas été à portée de les sentir, et que rien n'a mis à même de les apprécier ? A cet égard, les hordes sauvages de l'Amérique ou de l'Afrique sont bien moins avancées que les premiers hommes, qu'Orphée ou d'autres, entreprirent de civiliser ; et à coup sûr, telle d'entr'elles qu'on voudrait soumettre aux lois de l'état le plus libre de l'Europe, croirait avoir échangé sa liberté contre le joug le plus intolérable. De plus, si malgré l'intérêt bien senti qu'avaient les hommes de maintenir entr'eux une paix inaltérable, on les a vu agités par toutes les passions, comme la feuille légère l'est par les vents déchaînés : si, malgré les progrès des sciences, des arts et des jouissances qui rendent la paix plus précieuse, tant d'abus pèsent sur les sociétés modernes, et les rendent si imparfaites, après vingt ou trente siècles de leçons : si, enfin, malgré les lumières de la philosophie et les progrès de l'esprit humain, les peuples paraissent encore si malheureux, si ignorans sur leurs véritables intérêts, comment des êtres plongés dans les ténèbres de la barbarie et de l'ignorance, auraient-ils pu s'élever à ces hautes conceptions, sentir tout-à-coup les avantages d'un nouvel état, et apprécier les conditions auxquelles ils seraient admis à en jouir ? S'ils étaient incapables de les sentir, comment pouvaient-ils s'y attacher ?

Pour rendre plus sensible l'application de ces verités à la question dont il s'agit, il faudrait remonter plus haut, et retracer le tableau des faits qui les prouvent ; il faudrait rappeller des convulsions, des forfaits épouvantables, et des scènes d'horreur où ont été accumulés tous les maux qui peuvent affliger l'humanité : c'est ce qui n'entre pas dans mon plan. Mais au défaut de ces récits douloureux, on peut s'aider de l'expérience et de ce qu'on a journellement sous les yeux. Il n'est point de leçons comme celles des évènemens ; et à cet égard, l'histoire d'un peuple est applicable plus ou moins à tous. On a vu ce qu'il en a coûté d'avoir été puiser des principes, des prétendues bases sociales dans le labyrinthe d'une métaphysique abstraite, lorsqu'il ne fallait consulter que les plus simples règles du bon sens et de l'équité : on a vu où l'on a été conduit par les saillies philosophiques de quelques hommes qui, trompés par les chimères d'une imagination brillante, et prenant leurs rêveries pour des efforts de génie, ont osé perdre de vue leurs modèles ; et qui, voulant comme Icare prendre un essor trop élevé, sont tombés dans l'abîme qu'ils creusèrent eux-mêmes sous leurs pas, après avoir vu leurs romans politiques détruits presqu'aussitôt qu'élevés, et remplacés par d'autres qui ont cédé la place à leur tour. Tel sera le sort de tout ce qui n'aura d'autre source et d'autre fondement que les caprices mobiles des hommes, en écartant les seules indications qu'on aurait dû suivre.

Si dans les changemens qui ont été opérés, il n'avait été question que de briser le joug pesant sous lequel des hommes étaient assujettis, pour les rendre à leur état naturel, rien de mieux que ce qui a été fait; mais pour les faire passer d'un état de dépendance arbitraire à un état de soumission à l'ordre et aux lois, il ne fallait pas commencer par briser tous les moyens de diriger leurs ames, et de maîtriser, pour leur propre bien, des êtres trop impatiens du frein qui les avait retenus jusqu'alors, pour ne pas saisir avec ardeur l'occasion de jouir librement de toutes leurs facultés, et de repousser tout état de contrainte, soit celui qu'on venait d'anéantir, soit celui qu'on prétend y substituer. Il aurait fallu leur faire traverser l'intervalle qui sépare ces différentes situations, avec circonspection, et les conduire insensiblement de l'une à l'autre. Il aurait sur-tout fallu ne pas leur laisser la faculté d'accepter ou de rejetter; car on aura beau peindre à un peuple déjà livré à lui-même, et semblable au jeune coursier qu'aucun frein ne retient plus, les avantages d'un état quelconque de dépendance, si on ne s'est pas assuré d'avance des moyens de l'y astreindre, en attendant qu'on puisse le lui faire aimer, il rejettera tout également, et le joug des hommes et celui des lois.

La grande masse des hommes est trop aveugle et trop esclave des passions, soit les siennes, soit celles des individus qui entreprennent de la dominer, abstraction faite du surcroît d'avilissement dans lequel la corruption où sa situation précédente peuvent l'avoir plongée, pour lui abandonner sans restriction, le choix arbitraire de son propre bonheur. La loi doit s'emparer de l'homme en société, et le défendre contre lui-même : du moment qu'elle est calculée sur son avantage, et sur la connaissance de ses véritables intérêts, elle doit, pour parvenir à ce but, user d'une salutaire violence, et le forcer en quelque sorte d'être heureux malgré lui-même. Ces maximes sont pour toutes les sociétés et pour tous les peuples ; car par-tout la multitude est également indocile et ignorante sur son propre bien. Prenant constamment l'ombre pour la réalité, et les mots pour les choses, elle s'abandonnera aux conseils de l'intrigue et au choc terrible des passions, et ne s'arrêtant jamais à de justes bornes, ce sera par-tout un torrent impétueux, que rien ne pourra plus contenir, si l'on ne s'est ménagé d'avance les moyens de le tempérer et d'en régler le cours. Je ne sai si ces idées s'accordent avec celles des hommes qui ont étudié, dit-on, le cœur humain, et qui nous ont appris à le connaître : je sais du moins qu'elles sont conformes à l'expérience et qu'elles ont été vérifiées par les évènemens rapides qui se succèdent depuis cinq ans, et dans lesquels tout homme attentif et vraiment desireux de s'instruire, peut acquérir plus de lumières que dans tous les livres des spéculateurs anciens et modernes.

J'abandonne ces considérations générales pour m'occuper directement de mon objet. Le plan que j'ai conçu est simple et fondé sur des principes indépendans des circonstances, qui n'ont d'empire que sur ce qui est l'ouvrage des passions et des caprices des hommes. C'est le fruit de mes observations et de la méditation de ces écrivains sages et humains, qui ne se laissant aller ni à l'enthousiasme, ni à l'esprit du moment, surent concilier tous les intérêts. Je le formai dans le silence long-tems avant les évènemens qui, à quelques modifications près devenues indispensables, n'y ont rien changé. Le peuple que j'avais pour objet, est à mes yeux toujours le même : les excès auxquels je l'ai vu depuis se livrer, me font seulement regarder comme plus pressante encore, l'application d'un système conçu dans un tems de paisibilité. J'ai vu les Africains au milieu de ces horribles convulsions ; j'ai été témoin et presque victime de leurs fureurs et de leurs forfaits ; mais je suis aussi loin de les rejetter sur une peuplade aveugle et égarée, que d'imputer à la masse française ceux dont la provocation de ses corrupteurs l'ont forcée de se souiller. En Amérique comme en Europe, cette longue chaîne de désastres est l'ouvrage d'un petit nombre d'hommes qui seuls en ont profité : eux seuls pour sauver leurs têtes coupables et leurs rapines, s'efforcent encore de prolonger les orages, lors même que la multitude, réfroidie par la lassitude et par l'inutilité de ses efforts, pour atteindre le phantôme de bonheur mis devant elle, afin d'allumer son enthousiasme, commence à passer de l'effervescence à l'abattement, et considère déja avec effroi, les ruines dont elle s'est environnée. Il serait trop injuste de s'en prendre à des hommes que tout concourait à tromper, et que la main de la sagesse pouvait seule conduire dans la voie du bien. C'est à ceux qui auraient recueilli la gloire de leurs vertus, à supporter le blâme de leurs erreurs : c'est à ceux qui s'efforcent de les y maintenir, à répondre des maux qui peuvent survenir encore.

Vouloir examiner ici les droits naturels de ceux qui habitaient et cultivaient les colonies en qualité d'esclaves, serait s'engager dans une discussion interminable : ce serait de plus donner trop d'importance et un nouvel aliment aux dangereux sophismes avec lesquels on est parvenu à tout intervertir et à tout confondre. Quel est l'homme de bonne-foi, même parmi le grand nombre de ceux qui se laissèrent séduire par la déclaration des droits, qui ne sente aujourd'hui que tant de malheurs dérivent de la facilité qu'il y avait d'en abuser , et que malgré les vastes projets , à l'exécution desquels ses inventeurs se proposaient de la faire servir , ils ont eux-mêmes été les premiers trompés , et se sont vus , de conséquence en conséquence , entraînés beaucoup plus loin qu'ils ne l'avaient pensé. En France, il ne fut d'abord question que d'anéantir des préjugés et des privilèges aussi injustes qu'odieux ; mais une fois le torrent lâché , rien ne fut capable de modérer son impétuosité : tous les liens de l'ordre social furent détendus, sinon dissous ; et dans le siècle de la philosophie, au milieu d'une nation qu'on dit être la plus polie et la plus éclairée de l'univers , on entendit pour complément de mille autres traits d'immoralité , parler hautement de loi agraire , cette loi que des plumes infâmes osent justifier , et dont peut-être une multitude égarée se flatte encore. En Amérique, il ne s'agissait d'abord que de faire disparaître les distinctions humiliantes qui séparaient les différentes classes d'hommes libres, distinctions légitimes , quoiqu'on en dise, dans leur principe, inhérentes et nécessaires au maintien d'un ordre de choses particulier, mais devenues incompatibles avec des principes nouveaux, qui les anéantissaient toutes également. Il n'était question de plus , que d'adoucir l'esclavage par des lois humaines et de mettre des bornes aux entreprises de l'ambition et de l'avarice : mais l'intrigue s'enhardissant par un premier succès, jetta bientôt le masque ; en un clin d'œil on vit liberté et esclavage, distinctions et richesses, fortunes particulières et publiques, englouties à la fois dans des flots de sang, et la florissante colonie de Saint-Domingue s'écrouler avec fracas, sous les coups redoublés de ceux qui avaient juré sa ruine. Tels ont été les premiers effets de ces bases sociales, dont l'ambiguité et l'exagération vague et dangereuse, ont été senties depuis, puisqu'on s'est vu dans la nécessité de les corriger et de les restreindre, et que rien ne garantit qu'on ne soit forcé de les corriger encore, et peut-être de les anéantir tout-à-fait, comme un instrument nuisible dont les ambitieux et les fauteurs de désordres peuvent à chaque instant s'emparer, et dont tout l'avantage se réduit à caresser l'orgueil et les passions de la multitude, sans lui apprendre à se défendre d'elle-même et de ses propres excès. Quoi qu'il en soit, sans m'appesantir d'avantage sur ce qui est arrivé, je m'attacherai seulement à démontrer quels étaient, quels sont peut-être encore les seuls moyens d'amener au bonheur et à la civilisation, des hommes tirés de l'état de pure nature, pour les soumettre au travail, et en qui il ne s'était opéré dans ce passage, d'autre changement que de joindre quelques vices inséparables de ce dernier état de contrainte à ceux qu'ils

(153)

avaient primitivement ; mais qui travaillés depuis par les suggestions du crime et par toutes les fureurs , ont presqu'anéanti les moyens et l'espérance de les maîtriser et de les conduire.

Il n'est point , sans doute , de principe plus incontestable que celui de la liberté naturelle de l'homme : il est si fermement établi , ce droit qui dérive de la nature , est regardé comme si sacré , si inviolable , et si essentiellement inhérent à la qualité d'homme , qu'on refuse à celui qui en est revêtu , la faculté d'en disposer. Mais une vérité non moins constante que ce principe , c'est qu'il n'en est pas un seul , qui ait été plus ouvertement et plus communément violé , dans tous les tems et dans tous les lieux dont l'histoire nous a transmis la connaissance , dans tous les genres de gouvernemens , théocratiques , despotiques ou populaires ; chez les peuples barbares , vivant au milieu des forêts et de l'ignorance , comme chez les plus policés , jouissant de tous les avantages des arts , des connaissances humaines et de la civilisation ; chez les plus vertueux comme chez les plus corrompus. Les nations les plus éloignées , et qui différaient le plus entre elles par leurs mœurs , leurs inclinations et leurs préjugés , se ressemblaient toutes sur ce point commun : presque continuellement en état de guerre , elles ne s'attaquaient que pour se réduire réciproquement en servitude , et le prix de la victoire était le droit de disposer du vaincu. En état de paix, une contrée allait demander des esclaves à une autre contrée ; un commerce réglé et autorisé par les loix se faisait d'esclaves, dont on était libre de disposer comme de toute autre marchandise. Je ne remonterai pas aux causes primitives de cet usage, dont l'origine se perd dans la nuit des tems , et dont la durée est parvenue, sans interruption , jusqu'à nous : je n'examinerai pas comment il pouvait se faire que dans des siècles illustrés à jamais par des exemples de sagesse et de grandeur qui impriment à nos esprits étonnés le sentiment de l'admiration et d'un respect profond , une coutume qui foulait aux pieds les sentimens de la nature et les lumières de la raison ; qu'une coutume , dis-je , si injurieuse pour l'humanité , si opposée à la bienveillance qui lie l'homme à l'homme , et le rend sensible aux maux de son semblable , n'eut rien de choquant pour ceux-là même qui sont devenus pour nous des modèles de vertu. Il ne faut pas penser que ce fut par oubli de la dignité de l'homme ; jamais elle ne fut mieux sentie que par ces grands génies que nous admirons , et dont la réputation a passé dans le creuset du tems ; et jamais l'esclavage ne fut plus rigoureux que chez les peuples libres dont ils étaient l'ornement , ni plus dur que chez les Romains , celui de tous qui a porté le plus loin l'idée de sa propre excellence. D'après leur silence et l'accord unanime des nations à le tolérer, cet usage, par son antiquité, son universalité, et par sa durée non interrompue, semblerait devoir être rangé au nombre des abus indestructibles, inhérens aux sociétés, et avec lesquels sont achetés trop chèrement, sans doute, les avantages qu'elles procurent. Peut-être aussi pourrait-on le regarder comme une conséquence infaillible d'un droit bien moins respectable, mais qui (car le mal est par-tout à côté du bien) dérive aussi de la nature, et contre lequel les loix sociales même défendent si difficilement le faible : je veux parler du droit du plus fort, qui tend à étouffer tous ceux qui ont avec lui une commune origine, et qui parvient toujours à ployer au gré de ses intérêts, les institutions même, établies pour s'opposer à sa violence.

Il est glorieux sans doute, pour les tems modernes appellés le siècle des lumières et de la vraie philosophie, d'avoir fait connaître enfin à l'homme toute sa dignité, et fait briller une vérité méconnue, ou laissée dans un coupable oubli, par Socrate, Platon, Aristote, et par tous les sages de l'antiquité, parmi lesquels il en est même qui osèrent la combattre. C'est de nos jours que l'Europe a retenti des plus saines et des plus sublimes maximes de la morale, que des écrivains brûlans d'un saint zèle, ont courageusement dévoilé les maux qui pèsent en général sur l'humanité , ont cherché à en sonder les causes , et ont cru les trouver dans l'oubli de tous les droits naturels. De grands génies parurent de toutes parts , qui consacrant leurs connaissances et leurs utiles travaux , à l'instruction et au bonheur des peuples , semblèrent leur promettre encore plus que Pithagore , Zaleucus et Solon , ne firent autrefois pour leurs contemporains. Malheureusement ces grandes vérités, qui ne peuvent être appréciées que par la vertu , formaient une disparate , étrange avec des mœurs et un relâchement général qui devait les rendres illusoires ou dangereuses : jamais l'égoïsme qui resserre les cœurs , jamais l'insensibilité de l'homme envers son semblable , ne furent plus révoltans et ne parurent faire plus de progrès , qu'à compter de l'époque où l'égalité de tous les hommes et la fraternité qui devait les unir furent proclamées dans une multitude d'écrits. La corruption des tems où l'on fit ces découvertes sublimes , comparée à la simplicité et aux vertus sévères qui régnaient dans ces siècles éclairés , et parmi ces nations célèbres qui les ont ignorées ou laissées dans l'oubli , ont prêté des armes à la malveillance , qui a osé dire qu'elles n'ont été enfantées que par l'inquiétude , par l'amour du changement et par cet esprit novateur qui se fait remarquer depuis un siècle sur-tout, et dont les déclamations avaient moins pour objet de détourner de dessus l'humanité les maux qui l'affligent , que d'amener insensiblement le renversement de tout ce qui était établi. . Elle a enfin prétendu, que les principes de liberté et d'égalité naturelles , n'avaient été si ardemment proclamés et défendus par des hommes les moins disposés peut-être, au fond du cœur, à s'y conformer, qu'à cause des nombreuses conséquences qu'il était facile d'en tirer , et qui tendent à prouver que l'état de l'homme dans nos sociétés, n'est pas moins contraire à ses droits naturels que celui de l'esclavage ; que par-tout il gémit sous le fardeau des privilèges dont le petit nombre jouit , sous l'injustice des forts et sous la tyrannie des gouvernemens ; qui tendent enfin à faire écrouler l'édifice antique de la religion , des loix , des préjugés , des usages , et de tout ce que l'habitude nous faisait regarder comme légitime et sacré.

Quoi qu'il en soit , à une époque où les lumières n'étaient pas ce qu'elles sont , un nouveau système s'établit , modelé sur d'anciens usages , étayé par des lois authentiques , et qui devint , aussi-tôt, pour l'Europe , la corne d'abondance , d'où sortirent pour elle l'industrie , les arts , la richesse et le bonheur. Une peuplade sortie d'Afrique , contribuait à enrichir la France et les autres états possesseurs de colonies , par des travaux pour lesquels leur constitution , leur force à braver un climat trop ardent pour le faible européen , et leur docilité , les rendait particulièrement propres. Ils y existaient sous le joug d'un esclavage, qui était une suite de leur état primitif, dans les lieux de leur naissance et des moyens mis en usage pour les expatrier, et qui était jugé nécessaire pour remplir l'objet de leur trans-plantation sur une terre étrangère. La politique, l'habitude et l'ardeur du commerce européen, pour recueillir les richesses qui rejaillirent de ce système, dès qu'il fut organisé, le rendirent légitime ; et il fut sanctionné par les gouvernemens, qui parurent plus s'occuper des avantages que des abus qui en résultaient. Cependant quelques lois repressives, mais trop faciles à éluder, eurent dès le commen-cement, pour objet, de protéger la faiblesse contre la violence, et de mettre des bornes à la brutalité et à l'avarice. Elles étaient tombées en désuétude, par une coupable insouciance des gouvernemens, et par l'éternelle propension de la force à étendre ses droits ; et la servitude des noirs devenue arbitraire et variable, selon le caractère des hommes auxquels ils étaient soumis, put être considérée comme un état de bon-heur sous un maître bienfaisant, et un état d'in-fortune sous le maître dur et avide. Depuis long-tems l'humanité demandait à grand cris, qu'on en-courageât les uns, et qu'on réprimât les autres; et sur-tout, qu'on adoucît le sort de l'esclave, en reconnaissance et en proportion des fruits qu'on re-tirait de ses travaux : réunissant sa voix à celle du véritable intérêt , elle conseillait de l'y attacher , non par la crainte éternelle des châtimens , mais par la perspective assurée des récompenses. Il était naturel qu'on n'attendît rien à cet égard de ceux qui recueillaient tout le fruit de leurs sueurs , et dont un grand nombre était plus disposé à étendre ses droits qu'à les restreindre. Par-tout , l'homme opulent s'endort au sein de l'abondance et des richesses : il s'inquiète rarement de la justice , des voies qui les lui ont procurées ; et plus rarement encore, pour peu qu'il lui en coûte , il embrassera de lui-même , les tempérammens propres à les rendre légitimes. Une idée aussi élevée était trop au-dessus de l'esprit qui animait la généralité des Colons ; et la voix de ceux qui étaient capables de la concevoir et de former un semblable vœu , eût été retenue par la crainte des préjugés , ou étouffée par la multitude de ceux qui se seraient hâtés de s'y opposer. De leur côté , les gouvernemens, intimidés par les clameurs de l'orgueil et de l'intérêt , et pour qui tout est bien , dès que leur objet est rempli, s'exagéraient le danger de toucher aux bases d'un édifice qu'on leur peignait prêt à s'écrouler sous la main imprudente qui tenterait de l'amender : ils crurent devoir ménager des préjugés qui étaient pour eux une source toujours croissante de richesses , et qu'on était parvenu à leur faire regarder comme le gage de leur durée. Les succès obtenus , l'uniformité dans la manière de voir à cet égard de tous les états propriétaires de colonies à sucre, et les faits récens, prouveraient que leur circonspection excessive, si l'on veut, n'était pas destituée de sagesse et de prévoyance. Vus d'ailleurs dans l'éloignement, ces inconvéniens n'étaient point assez apparens et ne paraissaient pas assez graves, pour balancer le spectacle éblouissant des avantages qui les rachetaient ou les faisaient oublier. D'autres diront peut-être que la chûte de ce brillant établissement, prouve au contraire, que ces motifs étaient illusoires, et qu'il devait succomber sous ses propres abus. Je répondrai, qu'ayant subsisté sans secousse, et n'ayant fait que se consolider pendant près de deux siècles, et au milieu de guerres sanglantes, il eût pu subsister long-tems encore, et qu'il ne fallait rien moins qu'une révolution inouie, et les chocs tumultueux qu'elle a occasionnés, pour entraîner sa chûte avec tant de violence. L'excellence ou l'imperfection d'une institution ne sont pas toujours les garans assurés de leur durée, et ne peuvent souvent rien contre la force impérieuse des circonstances. Le juste et l'injuste, les gouvernemens libres ou despotiques, les législations sages et celles qui le sont le moins, succombent également sous le torrent des évènemens, et sous la faulx tranchante du tems. Mais reportons-nous en idée vers des tems antérieurs, et

jugeons

jugeons de ce qu'on aurait dû faire d'après les résultats de ce qu'on a fait.

S'il était tems encore d'opérer dans le régime des colonies tout le bien que commande l'humanité et que comportent la prudence et la politique ; si le noir était dans cet heureux état de paisibilité qui le rendait susceptible de recevoir avec une vive reconnaissance le plus léger adoucissement porté à sa situation, quelle marche eût-il fallu suivre ? Eût-il été sage de rompre subitement ses fers, et de l'abandonner à l'ivresse qui s'empare infailliblement de tout peuple, qui sent pour la première fois, l'absence du frein qui gênait ses facultés et ses penchans. Non, sans doute ! il n'y a pas de poison plus violent, a dit un sage, que la liberté versée toute pure à des hommes qui n'ont pas été longuement préparés à ce bienfait. La multitude ne sait pas ce que c'est que de jouir avec modération ; et elle passera rapidement d'une extrémité à l'extrémité opposée, de l'esclavage à la licence effrénée et à l'anarchie, si l'on n'a pas disposé d'avance les moyens de tempérer sa fougue, et de diriger ses mouvemens.

Mais ce n'était pas, sur-tout, des êtres sans moralité, sans vertus, et destitués de toute idée supérieure à l'instinct ; ce n'était pas des êtres dégradés par leurs vices primitifs et par leur situation présente, et dont toutes les facultés intellectuelles se bornaient à leurs besoins physiques, qu'il fallait investir de tous les droits dont l'homme le plus civilisé connaît à peine le prix, et dont tous sont également incapables de ne pas abuser. User d'une pareille condescendance envers des sauvages brutaux et ignorans, c'était les vouer aux furies ; c'était les arracher à un esclavage tranquille, pour les soumettre à celui bien plus cruel des passions exaspérées, et les faire passer de là sous un joug plus pesant, que tout peuple, en cas semblable, manque rarement de rencontrer, après avoir parcouru successivement tous les périodes de la fureur et de l'esprit de vertige. Si on avait voulu le bien, et qu'on n'eût été animé que du désir de substituer la raison et les sentimens de la nature, aux préjugés aveugles et aux emportemens de l'avarice, il n'eût pas fallu aller bien loin, pour connaître la marche qu'il fallait suivre. Écoutons un écrivain philantrope, qui le premier eut la gloire de l'enseigner, et dont on ne suspectera pas le langage.

« Il ne serait peut-être pas impossible, dit-il,
» d'obtenir les productions des colonies sans les peu-
» pler d'esclaves..... Pour atteindre ce but, regardé
» si généralement comme chimérique, il ne faudrait
» pas faire tomber les fers des malheureux qui sont
» nés dans la servitude ou qui y ont vieilli. Ces
» hommes stupides, qui n'auraient pas été préparés à
» un changement d'état, seraient incapables de se
» conduire eux-mêmes : leur vie ne serait qu'une in-

» dolence habituelle ou un tissu de crimes. Le grand
» bienfait de la liberté doit être réservé pour leur
» postérité , et même avec quelques modifications.
» Jusqu'à leur vingtième année , ces enfans appar-
» tiendront au maître dont l'attelier leur a servi de
» berceau , afin qu'il puisse être dédommagé des frais
» qu'il a été forcé de faire pour leur conservation : les
» cinq années suivantes, ils seront obligés de le servir
» encore pour un salaire fixé par la loi. Après ce
» terme , ils seront indépendans , pourvu que leur
» conduite soit exempte de reproche grave. S'ils s'é-
» taient rendus coupables d'un délit de quelque im-
» portance, le magistrat les condamnerait aux travaux
» publics , pour un tems plus ou moins considérable.
» On donnera aux nouveaux citoyens une cabane ,
» avec un terrein suffisant pour créer un petit jardin ,
» et ce sera le fisc qui fera la dépense de cet établisse-
» ment. Aucun règlement ne privera ces hommes
» devenus libres, de la faculté d'étendre la propriété
» qui leur aura été gratuitement accordée : mettre
» ces entraves injurieuses à leur activité , serait vou-
» loir perdre follement le fruit d'une institution
» louable. Cet arrangement produirait , selon les
» apparences , les meilleurs effets. La population des
» noirs arrêtée par le regret de ne donner le jour
» qu'à des êtres voués à l'infortune et à l'infamie,
» fera des progrès rapides. Elle recevra les soins les
» plus tendres de ces mêmes mères qui trouvaient

» quelquefois des délices inexprimables à l'étouffer
» ou à la voir périr. Ces hommes accoutumés à
» l'occupation dans l'attente d'une liberté assurée ,
» et qui n'auront pas une possession assez vaste pour
» leur subsistance , vendront leurs sueurs à qui vou-
» dra ou pourra les payer. Les journées seront plus
» chères que celles des esclaves , mais elles seront
» aussi plus fructueuses. Une plus grande masse de
» travail donnera une plus grande abondance de
» productions aux colonies, que leurs richesses met-
» tront en état de demander plus de marchandises
» à la métropole ».

Tels étaient les conseils , sur lesquels j'abrège, de
Rainal , de cet ardent ennemi des abus de l'esclavage : telle était aussi la manière de procéder in-
diquée par la sagesse et par un amour véritable de
l'humanité. Mais elle convenait peu à ceux qui
affectaient le plus de les invoquer et de marcher
sous leurs auspices, et ils ont trouvé plus court de soulever le noir contre l'état de subordination et de
travail duquel dépendait la fortune publique ; et lui
mettant le poignard et la torche à la main , ils lui
ont dit : lève-toi ! extermine tes maîtres , incendie
leurs maisons , renverse leurs odieuses richesses ,
anéantis tout ce qui peut te rappeller les tems malheureux de la servitude , et sois libre !.... A ce
langage , ou à ses résultats , qui ne reconnaît l'esprit
désorganisateur de l'intrigue , qui par-tout s'est trahi

par ses propres œuvres ? Lui seul était capable de
briser sans aucun ménagement tous les liens qui
tenaient ces hommes assujettis : lui seul pouvait recourir à l'infernale méthode de les diriger dans le
chemin de la vertu et de la civilisation , en les
précipitant dans tous les genres de crimes , et dans
tout ce que l'extrême licence a de plus dégradant.

Si tant de malheurs ont dû résulter de la corruption ou des fausses mesures employées envers une
peuplade docile et façonnée au joug de l'ordre et
du travail , de quelle efficacité pourraient-elles être
à l'égard d'une horde déchaînée, ivre de fureur,
et respirant depuis cinq ans l'air méphitique de la
dévastation et du carnage ? A-t-on pu croire que
c'était à de pareils hommes qu'il suffirait de parler
de lois , de constitution, pour calmer leur sanguinaire effervescence ? A-t-on pu se persuader que des
hommes qui ne connurent jamais les plus simples
élémens de l'ordre social , et dont l'habitude dans
le désordre a achevé d'abrutir le caractère , pourraient s'élever jusqu'à ces conceptions sublimes d'é-
galité et de liberté sous l'empire des lois , jusqu'à
ces spéculations politiques , qu'il est si difficile de
saisir avec justesse , et qui sont, du moins, au-dessus de
l'intelligence des nations les plus éclairées? D'ailleurs,
s'il est constant en morale, que ce n'est que par dé-
grés qu'on parvient au crime, il n'est pas moins vrai
que c'est tout aussi difficilement qu'on revient du

crime à la vertu. De plus, les inclinations vicieuses de tout un peuple ne s'extirpent pas comme celles d'un individu ; celui-ci ramené par ses réflexions, ou pressé par ses remords, peut ouvrir son ame au repentir : mais tout un peuple ne se repent ni ne s'amende, que lorsqu'il y est contraint par la force ou par le malheur. Alors même, il est forcé de ployer ; mais ses inclinations ne changent pas et n'attendent qu'une occasion de se remontrer, et toujours pour se livrer aux mêmes excès, et pour se souillé des mêmes crimes. Que dois-ce être de celui dont les passions, loin d'être comprimées, ont été fomentées par tout ce qui pouvait les exalter, et qui loin d'apprendre à rougir de ses erreurs, ne reçoit que des encouragemens pour s'y livrer encore ? Pour ramener l'ordre parmi les noirs, la plus urgente de toutes les mesures était d'élever leurs ames, et d'y répandre les germes des vertus publiques, dont la base est cette moralité, qui est, si je puis m'exprimer ainsi, la conscience des nations, et dont l'intervertissement ne peut être suivi que de vices et de corruption. Il est chez tous les hommes un instinct naturel, par lequel le plus sauvage distingue parfaitement le bien d'avec le mal, la vertu d'avec le crime. Mais il n'est que trop facile de le tromper avec de faux prétextes, ou d'égarer son opinion en flattant ses passions. Par exemple, comment deviendrait-il ami de la justice et de la paix, quelle idée peut-il se former de ces vertus, ce peuple dont on achève de corrompre l'entendement, en sanctionnant ses innombrables forfaits et en accumulant les récompenses sur ceux qui l'ont égaré ? Venons maintenant à l'application directe des maximes que j'ai énoncées.

J'ai dit que si les noirs étaient encore dans l'heureuse ignorance des écarts dans lesquels ils ont été entraînés ; s'ils étaient encore paisiblement occupés de leurs travaux habituels, un changement ne devrait être apporté dans leur situation qu'avec de grandes précautions, et il faudrait bien se garder de lâcher, un seul moment, les rênes qui servaient à les conduire. Mais si la surveillance la plus active, et la force même étaient nécessaires pour les retenir dans les bornes du devoir, elles le sont bien plus, lorsqu'il ne s'agit de rien moins que d'y ramener des tigres déchaînés et altérés de sang. Je crois qu'il sera possible, quoique très-difficile, d'y parvenir : mais il est plus qu'absurde de se flatter du succès, en leur parlant, non de paix et de soumission, mais de leurs droits ; mot vague, auquel des hommes ignorans et furieux ne peuvent donner que le sens propre à flatter leurs inclinations. A quelque peuple qu'on ait à faire, barbare ou humain, sauvage ou civilisé, il est bien plus instant (et l'expérience n'a pas peu justifié cette opinion,) de lui parler de ses devoirs que de ses droits : la

L 4

connaissance préalable et exacte des uns, est le seul moyen d'apprendre à bien connaître les autres, et d'en jouir sans inconvéniens. Si l'on eût procédé ainsi, telle nation devenue bien malheureuse, en courant vers le bonheur, qui a donné au monde un exemple effrayant, et qui par ses déchiremens a refroidi l'enthousiasme de celles qui étaient le plus disposées à l'imiter; cette nation, dis-je, eût peut-être donné l'exemple opposé, et aurait eu la glorieuse initiative d'une révolution bienfaisante et universelle.

Je pense donc que le premier et indispensable pas à faire, pour préparer le rétablissement de Saint-Domingue, serait d'y ramener, avant tout, le calme et la paix ; ce qui à mon avis, devrait s'opérer par l'énonciation ferme de la volonté nationale, soutenue d'un déploiement subit et imposant de sa puissance. Il aurait deux objets principaux. 1°. D'éloigner de ses côtes, un ennemi dont la seule présence suffirait pour neutraliser tous les soins qu'on pourrait se donner. 2°. De faire rentrer la population noire dans le devoir. Le premier doit être le résultat de la paix avec l'Angleterre, ou de la force des armes employée pour chasser ses troupes des points qu'elles occupent. J'ai dit que l'Anglais est intervenu dans les divisions intestines de St. Domingue, avec l'intention de s'emparer de cette riche possession, et avec l'espérance que la France, harassée ou accablée par ses ennemis, serait désormais, hors d'état de la lui arracher ; ou de la ruiner de fond en comble, au cas que les évènemens trompassent son attente. Telle est la clef de la politique et des forfaits accumulés dont elle a été et est journellement le théatre. Cette nation voit sa proie prête à lui échapper ; aussi redouble-t-elle d'ardeur, non plus pour la conserver, mais pour achever de l'anéantir. Elle n'épargne rien en ce moment pour ranimer les feux mal éteints du volcan qui l'a embrâsée ; c'est elle qui, par ses agens secrets, souffle encore ses poisons dans le sein d'une multitude effrénée, et qui provoque les mouvemens auxquels elle se livre encore ; c'est elle enfin qui dirige ces complots obscurs, qui tendent à exterminer jusqu'au dernier des blancs, et à ne laisser sur ces plages malheureuses, que quelques hordes indisciplinables et sur lesquelles il ne serait plus permis de compter. Il faut l'en expulser de gré ou de force : il faut que la France, abjurant ces principes qui ont porté l'effroi chez tous les gouvernemens, et reprenant la place honorable que la nature lui a marquée dans le systême politique, les rallie autour d'elle et leur fasse sentir la nécessité d'une coalition nouvelle et plus légitime, contre une puissance qui les a tous joués, et qui, ennemie de tous, sacrifierait l'univers à son insatiable ambition. L'Europe entière est intéressée à lui ar-

racher les lambeaux d'une colonie, qui était le principal contrepoids de ses richesses commerciales et
de sa marine formidable, et le plus ferme soutien
d'un état que tous les autres doivent regarder comme
leur égide. La France, sur-tout, n'a pas un instant à perdre, parce qu'il est impossible qu'elle
puisse se passer plus long-tems de ses ressources coloniales ; mais sur-tout, parce que les effets de la
sombre malveillance de sa rivale s'aggravent de
plus en plus, et qu'il peut arriver un tems où les
maux seront tellement invétérés, que tous les remèdes deviendront tardifs et inutiles.

Le second objet à remplir, serait de ramener ces
hommes égarés, en usant, pour y parvenir, des
moyens indiqués par une sage prudence et qu'on
emploierait avec promptitude et fermeté. Je rappelle ici ce que j'ai dit de la docilité de ces grands
enfans, que le crime et l'intrigue ont fait sortir des
bornes, mais qu'un appareil formidable, et les moyens
adroitement combinés, de douceur et de force, y
rameneraient peut-être aussi facilement. Un grand
nombre, trop accoutumé aux désordres de la licence, a dû perdre son caractère primitif ; mais un
plus grand nombre encore, tels que les femmes,
les enfans et une partie de la jeunesse, a dû le
conserver.

La direction de cette expédition importante serait
confiée à un chef bien intentionné, énergique et étran-

ger aux factions : il serait revêtu d'un pouvoir vaste, mais subordonné à un plan fixe, combiné, dans la métropole, par des hommes instruits, dont le gouvernement s'environnerait et à des instructions précises, dont il ne pourrait s'écarter, pour se livrer aux oscillations de ses propres caprices, ou des préventions dont on chercherait à le circonvenir. Le premier attribut de son autorité doit être, la faculté et le devoir impérieux de tendre une main protectrice aux bons, et de comprimer sévèrement les méchans. Une police rigoureuse y forcerait chacun de se remettre à sa place, et en expulserait sans miséricorde, quiconque blanc, jaune ou noir, ne justifierait pas de son droit d'y rester, par ses propriétés, ses mœurs, ses occupations, ou qui ne serait pas avoué par quelqu'un digne de confiance. Qu'on se garde bien d'y attirer cette foule de noirs, et de mulâtres, dont on voit avec étonnement et inquiétude, les villes principales de la métropole inondées, et qui livrés à tous les vices qu'entraînent l'oisiveté et la débauche, contribuent à corrompre la génération présente, et à la rendre, peut-être, méconnoissable un jour, en confondant leur sang avec le sang européen, et en mêlant aux maux qui résultent déjà de la dépravation des mœurs, les germes infects et dégoûtans de ceux qui sont particuliers à leur espèce. Qu'on s'occupe, si ce soin paraît digne de quelque sollicitude, d'empêcher que l'horrible *Pian* ne comble la mesure des maladies qui attaquent déja parmi nous les principes de la vie : mais quelque soit le sort qu'une sage prévoyance leur destine, qu'on ne les renvoie pas dans les Antilles, où leurs habitudes et leur lâche paresse les rendraient étrangers à tout objet d'utilité, mais où leurs vices, leurs exemples et leurs conseils ne manqueraient pas d'anéantir les effets des mesures les plus sages. St. Domingue ne doit plus être ce cloaque infect, dans lequel la métropole se déchargeait de tout ce qu'elle avait d'impur. Son sort dépend désormais du soin qu'on mettra à y faire germer la justice et la vertu, en y réprimant le vice, ou plutôt en l'en extirpant entièrement. Car si on y laisse malheureusement subsister les mêmes causes, on doit s'attendre tôt ou tard aux mêmes effets.

Il faut sur-tout débarrasser cette colonie des agitateurs, des artisans connus, des troubles qui l'ont déchirée. Peu importe que leurs crimes reçoivent leur châtiment; le plus pressant, est qu'ils ne puissent plus y abuser de leur fatale influence et de les envoyer l'exercer au loin. Sévérité et justice, sagesse dans les mesures et rapidité dans l'exécution : point de ces lenteurs inséparables des formes populaires ! elles sont incompatibles avec les élémens qui composent les colonies. Le salut de St. Domingue dépend désormais de l'énergie d'un chef revêtu d'une vaste puissance, et que rien ne puisse entraver;

telle par exemple, que celle dont Polverel et Santhonax firent un si coupable usage, mais avec cette
différence qu'il aurait un plan fixe à suivre, et que
les deux premiers n'eurent pour règle de leur conduite, que leurs caprices et leurs fureurs. Je dirai,
avec Boissy d'Anglas (*), *que plus un gouvernement
est éloigné de ceux sur lesquels il doit s'étendre, plus
il doit être puissant et ferme. La distance des mers
qui les séparent, rendant les rapports difficiles et
éloignés, rendent aussi toute surveillance inactive ; il
faut qu'elle soit déléguée, et qu'elle le soit à des hommes
dont le gouvernement puisse répondre*.... Tels sont,
selon moi aussi, les principes d'après lesquels St.
Domingue et les colonies en général doivent être
régies ; mais je ne suivrai pas ce rapporteur dans
les inductions contradictoires qu'il en a tirées. Si
on a senti la nécessité de les faire régir par un
gouvernement, émanant directement du gouvernement exécutif central, ferme, rapide, et revêtu de pouvoirs dont l'étendue fût telle, que rien
ne pût en arrêter ni gêner les mouvemens, comment le concilier avec le régime constitutionnel ?
Et si l'objet principal est d'y organiser ce dernier,
comment le faire accorder avec un régime opposé,
dont la vigueur est reconnue nécessaire, et qu'il est
plus court d'appeller militaire ? Mais, dira-t-on,
ce n'est qu'une mesure provisoire pour empêcher,

____

(*) Rapport du 17 Thermidor, an III.

dans les premiers momens , que les administrations nouvelles ne puissent occasionner des troubles , en rivalisant entre elles , ou en meconnaissant l'esprit de leur institution..... C'est du moins un demi-aveu de la part des partisans du régime constitutionnel à St. Domingue , d'autant qu'ils ne sauraient fixer l'époque à laquelle les mesures qui sont contraires à son esprit , cesseront d'y être utiles ou nécessaires à employer : c'est une demi-victoire pour ceux qui connaissant les hommes et les lieux , savent bien que les mêmes causes devant subsister dans tous les tems , on devrait laisser subsister également les mêmes moyens de les prévenir ou de les réprimer. Pour moi, puisqu'il est évident que la constitution française est impraticable en principe, dans les colonies , en ne perdant pas de vue l'objet de leur destination , ni les différences physiques et morales qui les séparent des métropoles encore plus que l'éloignement, je ne m'étendrai plus sur les obstacles qui s'y opposent à son organisation : je ne ferai que rappeller sommairement les plus essentielles de mes conclusions. St. Domingue ne serait qu'une possession onéreuse à la France, si elle ne lui était utile : elle ne peut lui être utile que par la culture et le travail : l'un et l'autre ne peuvent y être maintenus que par la force coactive; de même que la force la plus énergique et une surveillance active peuvent seules y comprimer désormais les mouvemens contraires et irréguliers des passions et des haînes. Un gouvernement vigoureux et sévère peut seul y empêcher les esprits de se livrer au souvenir du passé et aux dangers des réactions : il est et sera plus nécessaire que jamais, dans une contrée où les derniers évènemens ont causé des plaies que des siècles pourront à peine cicatriser, et où ils doivent laisser, long-temps même après leur cessation, de dangereux fermens de discorde et de vengeance. Indépendamment de la profonde incapacité de la grande masse de ceux qui l'habitaient comme libres ou comme esclaves, on doit sentir du premier coup, combien seraient impraticables, le partage des pouvoirs et des fonctions publiques, et l'harmonie nécessaires pour les exercer, entre des hommes dont les sentimens, les affections et les intérêts furent si opposés. Sous un climat où les esprits sont à-la-fois si paresseux et pourtant si faciles à s'enflammer, le grand nombre ne doit s'occuper que de culture ou de ses occupations méchaniques : il doit laisser à d'autres le soin de son bonheur, et ne regarder en arrière, que pour se souvenir que l'époque où la paix dont il jouissait commença à être ébranlée, fut celle de ces assemblées où l'intrigue parvint à égarer la probité même, en la berçant de chimériques idées, et détourna de paisibles agriculteurs de leurs travaux journaliers, pour devenir politiques. Il doit enfin se rappeller que cette époque servit de signal, ou prépara peut-être l'horrible tempête qui a fini par tout accabler.

Le but de l'institution des gouvernemens est d'assurer l'exécution des lois, de maintenir la tranquillité et de veiller avec soin à tout ce qui peut intéresser le bonheur des peuples, pour qui ils sont faits. Les principes qui doivent servir de règle à leur conduite sont par-tout les mêmes ; par-tout ils ont pour objet de réprimer le vice, et de protéger la vertu, et de faire régner un ordre constant : mais leur application doit varier, ou être modifiée selon le génie et les inclinations des hommes dont la direction leur est confiée. Doux et tolérans chez les nations paisibles et dociles ; énergiques, sévères, et même rigoureux chez celles, dont l'humeur inquiète et remuante doit fixer leur attention et leur sollicitude ; chez toutes, en général, la plus précieuse des qualités qui doivent les distinguer, c'est la fermeté. La fermeté doit être le caractère distinctif des hommes chargés de faire exécuter la loi, ainsi que la sagesse et la justice forment celui du législateur. Nulle part, cette qualité essentielle, dont le défaut entraîna si souvent le malheur des peuples et les révolutions, ne fut aussi nécessaire que dans une contrée, qui forme une époque particulière dans l'histoire des institutions politiques, et qui ne ressemblant à aucune, paraît exiger des principes

différen

différens. En effet qu'est-ce que les colonies ? C'est un amalgame fortuit de peuples venus des parties les plus opposées de l'univers, dont les deux variétés principales, divisées entr'elles, d'une manière indélébile par la couleur et par toutes les différences physiques et morales, que la nature s'est plu à mettre entre les diverses espèces d'hommes, sont elles-mêmes subdivisées par une multitude de nuances, qui sont des germes éternels de trouble et de discorde, et qui tendent à rendre le gouvernement d'une poignée de blancs et de noirs, plus difficile que celui de la nation la plus nombreuse. Si l'organisation de celui qui doit régir les colonies a les noirs pour objet, il doit être serré, vigoureux, sévère, et toujours prêt à arrêter les mouvemens d'hommes incapables de saisir les plus simples élémens de la politique et des sociétés, opposés de goût et d'inclination à leur état et à tout ce qui les environne, pour qui le passé et l'avenir sont des mots sans idée, et à l'égard desquels il n'est que deux mobiles uniques à employer, la crainte des punitions et l'espoir des récompenses. Si on le considère relativement aux blancs, pourquoi devrait-il être moins actif, moins énergique envers des hommes de différentes nations, en qui tous les sentimens qui élèvent l'âme semblent silencieux, tandis que tout concourt à exalter les passions qui tendent à la retrécir, et que l'ambition, les rivalités, et les effets de ce climat enflammé, rendent non moins dangéreux, et plus difficiles à manier, que la stupidité et la barbare ignorance des premiers.

D'un autre côté, quelque certain qu'il soit en principe, que le droit de gouverner est une délégation primitive du peuple même confié aux soins de ceux qui l'exercent, comment pourrait-il être regardé à Saint-Domingue comme une émanation de celui qui l'habite, et qui ne saurait y avoir concouru ? Qu'a de commun ce droit, avec quelques Africains, venus forcément habiter cette colonie ? Que peut-il avoir également de commun avec quelques Européens errans, précairement sur ses bords et s'y succédant sans cesse ? Le gouvernement colonial est un rayon d'un pouvoir, dont le centre est placé au sein de la métropole : c'est de là qu'il tire toute sa force, ses moyens, et qu'il doit compte de l'emploi qu'il en a fait. Dans le tems qu'un enthousiasme universel agitait toutes les têtes, et empêchait de pénétrer dans l'avenir, on parvint à persuader à un certain nombre de Colons, qu'à eux seuls appartenait le droit de faire leurs propres lois, et de déléguer l'exercice des pouvoirs. Il pourrait, à la rigueur, être attribué à un petit nombre d'entr'eux, fixés dans la colonie par leur origine, leurs familles, leurs affections, et par tout ce qui est capable d'attacher l'homme au pays qu'il habite (*). Mais d'après le but de la fondation des colonies et pour leur propre bonheur, je ne pense pas qu'ils doivent même avoir celui d'y coopérer. N'oublions jamais, que les établissemens des Antilles furent consacrés exclusivement, à l'utilité et à la prospérité des métropoles, avec lesquelles ne peut s'accorder la liberté politique de ceux qui en sont les instrumens, parce qu'eu égard à l'éloignement, aux localités, et aux différences qui distinguent ce climat, la leur reconnaître, c'est leur reconnaître implicitement le droit de disposer d'eux-mêmes, et renoncer à celui d'y opérer les changemens que la métropole jugerait convenables à son propre avantage. Je crois avoir démontré combien une telle prérogative s'accorde peu avec le caractère et la position des Africains appellés à Saint-Domingue, pour la

____

(*) Si on formait un systême complet d'organisation coloniale sur les bases que je présente, on y énoncerait les prérogatives qui peuvent avec justice et sans danger, pour eux-mêmes, être reconnues aux habitans de Saint-Domingue, telles que le droit d'exercer les fonctions civiles, celui de déterminer et d'asseoir les impositions pour les dépenses intérieures à la charge de la colonie, celui de réclamation auprès du corps-législatif et du gouvernement central; on y énoncerait tout ce qui en les assujettissant irrévocablement à leurs devoirs, les ferait en même tems jouir d'une protection constante, et leur garantirait le respect et le maintien de leurs personnes et de leurs propriétés.

M 2

cultiver. Quant aux Européens qui les habitent ins-
tantanément, leur manière de vivre, agitée et précaire, le silence absolu des affections, qui attachent
l'homme à ce qui l'environne, pour n'écouter
que la voix de l'ambition, et leur empressement,
dès que leurs vues sont remplies, à retourner vers
le pays qui renferme les seuls objets capables de
les attacher, tout enfin concourt à les y rendre étrangers : ils doivent se considérer, sur ces plages loin-
taines, comme des voyageurs qui habitent passa-
gèrement des lieux dont les lois et le gouvernement
n'ont de rapports avec eux que par la nécessité de
s'y soumettre, et par la protection qu'ils leur accordent, et qu'ils abandonnent, dès que les motifs
qui les y ont attirés n'existent plus.

Tel est mon vœu sur le gouvernement qui convient à Saint-Domingue ; mais je ne m'en joins
pas moins de cœur et d'affection, aux amis sincères de l'humanité, sur le point qui réunit tout
leur intérêt. Le passé doit servir également de leçon
aux partisans de l'esclavage absolu, et aux partisans
irréfléchis d'une liberté subite et illimité. Dans le systême dont je vais présenter les bases, la liberté est
le but vers lequel doit tendre désormais tout individu qui habite Saint-Domingue, ainsi que la
prospérité nationale est la fin vers laquelle doit tendre
la colonie en général. Je ne pense pas que ces deux
choses soient inconciliables : mais cet accord est

subordonné à une combinaison sage et soutenue de modifications, qui doivent en prévenir et faire disparaître les inconvéniens, et qui en faisant tourner à l'avantage général les conditions auxquelles la liberté serait accordée, ferait de sa perspective assurée et de la certitude d'en jouir, un encouragement à bien faire et la plus douce des récompenses. Je vais continuer d'exposer mon plan tel que je le conçois.

Dès que le gouvernement se serait assuré du maintien de la tranquillité, par des dispositions grandes et générales ; après avoir sondé les esprits et cherché à leur inspirer, à-la-fois, le respect et la confiance dans ses intentions, son premier acte d'autorité serait de forcer tout individu de rentrer dans ses foyers, de reprendre leurs occupations habituelles avant les désastres, enfin de redevenir ce qu'ils étaient, des cultivateurs paisibles et laborieux ; non en leur parlant de liberté et d'égalité, ni en les forçant non plus de présenter les mains aux chaînes qu'ils ont brisées, mais en leur offrant, d'un côté, la punition, de l'autre la récompense, et en leur imposant, d'une manière ferme et irrévocable, le rétablissement entier de la colonie qu'ils ont détruite, pour condition préalable du bonheur, auquel il leur serait un jour permis de prétendre. Il faut ensuite, par les moyens que suggère la prudence, leur faire déposer et remettre entre les mains de ses préposés, ces instrumens de mort, dont la scélératesse, ou une

souveraine imprudence , ont armé leurs mains (*).
Il n'y aurait pas eu de révolution à Saint-Domingue,
si l'esclave n'était parvenu à se procurer ces armes
redoutables : mais comme elles n'étaient qu'en petit
nombre , la révolte eût été facilement étouffée dans
son principe, si des étrangers, s'aveuglant sur leurs
propres périls , et étouffant tout sentiment d'honneur
et d'humanité, dans l'horrible objet de précipiter la

(*) *P. S.* Santhonax et Polverel livrèrent aux noirs toutes
les armes qui étaient dans la colonie, et firent même désarmer
les blancs et des corps entiers, pour en augmenter le nombre. Les noirs devinrent également dépositaires des magasins à poudre, de l'artillerie et de tous les objets de défense coloniale. Leur but est facile à pénétrer. Les noirs ,
retranchés dans leurs montagnes, et cachés derrière leurs ro-
chers, sont, non pas invincibles, mais inabordables, tant
qu'ils auront des munitions de guerre. Toute espérance était
fondée désormais sur leur épuisement : mais je viens d'apprendre, que dans l'armement préparé pour conduire Santhonax à Saint-Domingue , on a embarqué cinquante mille
fusils, de la poudre à proportion , et une quantité immense
d'autres effets, pour lesquels on a fait les plus grands et les
plus pénibles sacrifices. Ce nombre est peut-être exagéré :
mais quel qu'il soit, je ne puis deviner quel est le but de
cet envoi désastreux et impolitique : je ne puis concevoir comment on n'a pas prévu ses fatales et infaillibles conséquences.
Ceux qui l'ont ordonné ou conseillé, seront-ils responsables
de tout le sang Français qui sera versé avec ces mêmes armes ?
Si elles parviennent à Saint-Domingue, il n'est permis désormais de prévoir que des malheurs.

ruine de cette isle malheureuse, ne s'étaient pas avilis, au point de fournir de la poudre à des hommes qui la payaient au poids de l'or, et qui donnaient, sans balancer, tout ce qu'ils avaient de plus précieux et jusqu'à leurs propres enfans, pour s'en procurer. Ce furent d'abord les Espagnols qui prolongèrent les malheurs de Saint-Domingue, et qui influèrent le plus sur sa ruine entière, par le commerce infâme qu'ils firent avec nos brigands, et qui était ouvertement toléré par leur gouvernement. Si l'on ne prend pas des mesures vigoureuses et repressives, soit par les clauses d'un traité de paix, soit par la plus exacte surveillance sur les côtes, on doit s'attendre qu'en paix ou en guerre, un ennemi non moins barbare, et non moins vil, lorsqu'il s'agit de nous nuire, cette nation humaine de qui nous empruntâmes nos idées philantropiques en faveur de nos esclaves, et qui s'est déchargée sur des chiens féroces, du soin de maintenir l'ordre parmi les siens, ne manquera pas de mettre les mêmes moyens en usage, de fomenter de nouveaux troubles, et de fournir clandestinement aux noirs de quoi reprendre leur état de guerre et de brigandage, et d'arrêter, autant qu'il sera en elle, l'effet de nos soins, pour effacer les traces de tant de malheurs.

Voilà les mesures importantes et décisives, au succès desquelles sont attachées les nouvelles destinées de Saint-Domingue, et le retour de la pros-

M 4

vérité de la France. Ce point une fois obtenu, tout
e reste paraît peu difficile. Mais aussi que d'efforts
faire, que d'obstacles à franchir avant que d'y
tteindre ! C'est peu que des sacrifices qu'exige
e grand objet, de la sagesse, de la patience et
le l'habileté qu'il faudra développer ; il faut avant
out vaincre la malveillance et l'obstination de
eux qui, plus sensibles à la honte qu'au bien qui
n doit résulter, n'y verront que la condamnation
le leurs opinions et la punition de leurs erreurs.

Ce premier avantage est, je le répète, un pas
le géant vers la restauration de Saint-Domingue ;
t pour l'obtenir, rien ne serait à ménager : la force
même, s'il le fallait, devrait être mise en usage. Mais
on ! il ne sera pas nécessaire de l'employer. Il
uffira de l'énonciation précise de la volonté nationale,
outenue par le spectacle imposant de sa puissance.
Les flagorneries ne sont propres qu'à égarer les
euples et à leur donner une fausse idée de leurs
roits et de leur pouvoir : c'est le levier dont l'in-
rigue se sert pour les mouvoir à son gré. Mais à
quelques exceptions près, celui auquel on indiquera
e chemin de l'ordre et de son véritable bien, d'une
manière ferme, en lui laissant entrevoir les moyens
qu'on a de l'y contraindre, se hâtera d'obéir, et
doptera avec reconnaissance, tout ce qui peut lui
endre et lui assurer sa première tranquillité. Il y
plus, harassé, épuisé par tant de convulsions, il

opposerait peu de résistance au retour de son ancien état, quand même on ne lui offrirait pas la perspective certaine de son adoucissement, et d'une récompense finale. Les mouvemens qui paraissent l'agiter encore, sont moins l'effet de ses propres dispositions, que des efforts de ceux qui n'ayant quelque chose à espérer qu'au milieu des orages, ont intérêt à les tenir éloigné du port dans lequel, de lui-même, il s'empresserait d'entrer. Pour s'en convaincre, il ne s'agit que de jetter un coup-d'œil rapide sur la population noire de Saint-Domingue... Là, comme ailleurs, les véritables artisans des troubles ne sont qu'un petit nombre d'hommes, auteurs de tous les forfaits, auxquels la multitude n'a pris qu'une part éloignée et passive. Ils en ont recueilli tous les avantages, tandis qu'une grande partie des malheurs est retombée sur elle. Ils jouissent de leurs rapines, lorsqu'elle manque de tout, et qu'elle a vu disparaître tout ce qui adoucissait sa situation, dans ce qu'on appelle les temps de sa misère. Combien il serait facile de ramener cette multitude malheureuse, et aussi digne d'intérêt que d'indulgence ! Mais sera-ce en voyant accorder à ses corrupteurs des éloges qui sont un reproche indirect de la modération qu'elle a constamment manifestée ? Sera-ce en lui donnant à entendre que pour mériter les mêmes récompenses, elle doit se plonger dans les mêmes excès ? Cette seule et simple observation fait toucher au doigt, ce qu'il y a d'immoral dans les mesures qu'on a inconsidérément adoptées. Elle démontre combien il est pressant de se hâter, pour ramener l'opinion dans sa direction véritable, et pour empêcher qu'elle ne reste plus long-temps dans l'incertitude, et dans l'affreuse nécessité d'avoir à regarder des crimes, comme des actes de vertu, et sa propre modération, comme une faute grave qu'elle doit s'empresser de réparer. Il faut donc se hâter de revenir sur ses pas, et de faire disparaître, sans perte d'un seul moment, tout ce qui tend à la corrompre, pour y substituer tout ce qui peut servir à la redresser. Ce préalable une fois rempli, tout permet d'espérer que le grand nombre, prêt à rentrer dans l'ordre, n'attend que la main qui doit l'y guider.

Mais ce n'est pas à l'égard de ceux qui l'ont égaré, qu'il faut compter sur l'efficacité, soit de la persuation, soit de la contrainte. L'une et l'autre seraient également infructueuses envers des bêtes féroces, dont rien n'est capable désormais d'adoucir le naturel farouche. Je veux parler de cette bande d'assassins, qui depuis cinq ans promène le fer et le feu sur toute la surface de la colonie ; portant par-tout le ravage et la mort, forçant leurs semblables de les suivre et de partager leurs forfaits, marchant successivement sous les étendarts de tous les partis, et servant tour-à-tour d'instrumens à

ceux qui ont commencé les malheurs de Saint-Domingue, au nom du despotisme, et à ceux qui ont
achevé sa ruine, au nom de la liberté. Il n'y a rien
à attendre de pareils hommes, et leur présence seule
est un fléau dont il faut, à tout prix, se débarrasser.
Qu'on les renvoie infester les déserts de l'Afrique,
concurremment avec les lions et les panthères; ou
bien qu'on leur donne une isle inhabitée à cultiver;
qu'on leur fournisse des instrumens de labourage,
desgraînes; qu'on les comble, si l'on veut, de bienfaits : mais qu'on en purge cette terre désolée, que
leur présence frapperait de stérilité. Les griffes du
tigre ne sont propres qu'à déchirer, et jamais les
mains de cette horde homicide ne concourront à relever l'édifice qu'elles ont renversé, ou n'y travail-
leront forcément, pendant quelques instans, que
pour le renverser encore, dans un nouvel accès de
fureur. C'est à ce grand et indispensable coup de
vigueur, qu'est attaché un succès complet, et la
solidité de l'ouvrage entrepris. Il ne faut pas regarder à ce qu'il en coûtera, pour parvenir à son
exécution. Il est douteux qu'ils s'éloignent volontairement, du théatre de leurs brigandages, de ce
que leurs fauteurs sont parvenus à faire envisager
comme leurs titres de gloire ; ils ne renonceront
pas, sans regret et sans résistance, à la domination
qu'ils exercent déjà sur leurs semblables. Se sentant
soutenus par ceux qui ont allumé leur rage extermi-

natrice , et qu'ils savent être prêts à n'épargner ni intrigues ni efforts pour les défendre , ils auront peut-être l'insolence d'opposer la force à la force. Leur ressource sera de se retrancher dans leurs anciens repaires , pour infester de-là les plaines et interrompre les travaux commencés. On sent combien il est important de prévenir cet inconvénient fâcheux, et qui serait infaillible si on n'y coupait court. C'est pour cet objet principalement , que j'ai insisté sur la nécessité de grands préparatifs , et d'en imposer par le déploiement de forces respectables. La malveillance ne pourrait rien contre leur emploi , préparé d'avance, avec sagesse et prévoyance. Que pourraient-ils par eux-mêmes contre la puissance nationale , à laquelle se joindraient tous ceux qui veulent le bien ; que pourraient-ils lui opposer , ces hommes aussi lâches que féroces qui , fondant avec l'impétuosité d'un torrent par-tout où ils savent qu'il n'y a pas de résistance à craindre , ne peuvent soutenir le regard de l'européen, ni la vue du danger , et n'ont pu lasser , malgré leur nombre , la constance d'une poignée d'hommes soutenus par quelques noirs fidèles ?

Que dirai-je de ces agens de trouble et de discorde, connus sous le nom générique d'intrigans, qu'on voit accourir de toutes parts , dans les contrées malheureuses qui offrent des alimens à leur perversité , pour s'y engraisser des misères publiques, ainsi que les animaux , voraces comme eux , accourent sur un champ de bataille , pour s'y disputer des cadavres épars. C'est à ces hommes vils et exécrables, et toujours prêts à arborer les couleurs du parti qui leur promet le plus de succès, et à afficher les sentimens qui leur sont les plus étrangers , que Saint-Domingue doit principalement ses malheurs. Les noirs qui ont commis le plus d'attentats , sont bien moins coupables qu'eux. Ces malheureux couraient après une chimère qu'on leur avait mise devant les yeux , pour allumer leur fureur : ils ont détruit des richesses qui leur étaient indifférentes et inutiles : ils ont égorgé des hommes qui leur étaient étrangers , dont quelques-uns étaient leurs tyrans , et tous en général , leurs ennemis. Mais les premiers , pour satisfaire leurs viles passions , ont foulé aux pieds tout sentiment d'humanité , toute considération d'utilité publique : ils ont pris plaisir à faire couler , avec une barbarie dont les brigands eux-mêmes n'étaient pas capables , le sang de leurs frères , d'êtres innocens qui ne les avaient pas offensés , et qui avaient avec eux une commune origine. Voilà les hommes qu'il faut , sur-tout, frapper. Je laisse à l'opinion qu'ils ont pervertie , le soin de les désigner , lorsqu'elle sera revenue de son égarement : leurs œuvres suffiront pour les faire reconnaître. Mais si l'on ne veut pas élever un édifice fondé sur le sable , c'est sur eux principa-

lement que doivent peser ces mesures vigoureuses, qui seules peuvent opérer quelque bien. Il
faut extirper de Saint-Domingue, comme de toutes
les contrées où l'on veut ramener l'ordre et le règne
des lois, cette race qui, semblable aux harpies de
la fable, corrompt tout ce qu'elle touche.

Mais où m'entraîne mon imagination et le desir
ardent de voir opérer le bien ? J'oubliais que ces
projets, que ces grands préparatifs ne sont qu'une
chimère ou un être de raison auquel l'esprit régnant
s'oppose invinciblement, et dont l'exécution est subordonnée à une conversion, et à un grand amendement dans les idées actuelles. Ne nous le dissi-
mulons pas ; ce n'est pas à Saint-Domingue, mais
au sein même de la métropole qu'il faut attaquer
et vaincre les brigands qui l'infestent : c'est-là qu'il
faudrait atteindre dans sa source ce fléau qui eût
été étouffé cent fois sur les lieux, s'il n'avait reçu
d'ailleurs l'aliment, et une criminelle assistance. La
prévention qui a déterminé les mesures opposées
est trop forte ; et il en coûterait trop à l'amour-
propre de ceux qui les ont provoquées, de voir
traiter comme de vils scélérats, les hommes qu'ils
ont pompeusement décorés du titre de républicains,
et noter d'infamie les noms qu'ils ont fait solemnellement ranger parmi ceux des plus glorieux défenseurs de la patrie, et qu'elle a comblés, sur leur
parole, de ses plus éclatantes faveurs. Ils crieraient

à l'injustice et à l'oubli des principes ; des faits faux ou exagérés seraient reproduits selon l'usage, pour ébranler l'opinion ; des hommes qui ne prononçaient les noms doux et sacrés d'humanité et de philantrophie que pour les blasphêmer, seraient peints comme leurs amis les plus tendres : des assassins couverts de sang et de crimes ne seraient dans leur bouche que des cœurs généreux, qui ont tout risqué pour conquérir leur liberté. L'on peindrait encore, comme des défenseurs ardens de la république, comme des héros qui ont empêché l'étranger d'envahir Saint-Domingue, des hordes nombreuses qui ne sachant que ravager, n'ont presque rien fait pour empêcher l'Anglais de s'y établir, et ont à peine tenté de le chassser des points qu'il occupe : enfin tout, jusqu'aux forfaits les plus révoltans, s'embellirait sous leurs pinceaux officieux, et paraîtrait sous un aspect favorable. Mais pour moi, qui ne tends pas au même but, ou qui ne suis pas doué de la même flexibilité de principes, un brigand est toujours un brigand, de quelques motifs qu'on se serve pour l'excuser ; le crime, semblable aux ronces stériles, ne peut, selon moi, produire que des épines : le républicanisme récent des Pierrot, des Toussaint, des Barthélemi, (*) des Mondion, et de tant d'autres

---

(*) *P. S.* J'apprends que ce *Coco-Mondion*, l'un des favoris de Santhonax, qui en 1791 fit égorger sous ses yeux

scélérats qui , dit-on, se sont enfin rangés sous les lois
de la France , n'empêchera pas de me rappeller ce
qu'ils furent , et de les ranger dans la classe des
Jean-François , des Biassou , des Thomas , des
Macaïa , et de toute la bande de leurs satellites ,
qui n'ont cessé, jusqu'au dernier moment, de cōm-
battre contr'elle sous les drapeaux espagnols , et
dont ils furent pendant quatre ans les plus furieux
coopérateurs. Du reste , mon rêve, si c'en est un, ne
renferme rien que doive désavouer un homme
de bien et un sincère ami de l'humanité. Ils y trouveront tous les intérêts conciliés : et en supposant
les intentions également pures et droites , j'ai par-
dessus les inventeurs du rêve opposé, l'expérience
et la connaissance approfondie des choses et des
hommes. Mais ne nous décourageons pas , et pour-
suivons notre hypothèse dans le chapitre suivant.

---

trente-quatre blancs en un même instant , et qui dans une
seule année est devenu quatre fois royaliste , et autant de
fois républicain , a été enfin saisi et fusillé....

CHAPITRE

CHAPITRE XII.

Suite du précédent. Bases d'un nouveau régime colonial et d'une nouvelle traite. Conclusion.

Q̲ᴜᴇ je me plais à me représenter les noirs de St-Domingue, soit ceux qui égarés, ont pris quelque part aux troubles, soit ceux bien plus nombreux, qui n'en ont été que spectateurs, reprenant leurs paisibles travaux, et se préparant à l'envi à relever ses ruines éparses ! Ce ne sont plus ces malheureux, plus ou moins courbés sous une verge de fer, et qui n'avaient pour perspective qu'une servitude éternelle. Ce ne sont pas non plus, ces hommes dans lesquels une liberté trop précoce et dégénérée en licence, doit étouffer l'émulation et tout amour du bien. Les promesses solemnelles d'une grande nation, en écartant toute incertitude, ont ranimé leur courage ; et leur ardeur est proportionnée à la récompense qui y est attachée. Ce début a suffi pour faire briller, de toutes parts, l'aurore d'un meilleur avenir. Le Colon, accablé par le malheur et le désespoir, sent ses espérances renaître ; il voit enfin un terme à ses maux, et ne songe plus qu'à en noyer le souvenir dans les nouveaux succès auxquels il lui est permis de prétendre. Celui qui, plus énergique ou plus heureux, avait su tenir

tête au torrent, et lui opposer une résistance opiniâtre, ne voyant plus ses propriétés et son existence en bute aux fureurs d'une secte frénétique,
n'écoute plus que son amour pour la patrie, il se
hâte de se jetter dans ses bras, d'où l'avait repoussé
la crainte des poignards. Le commerce, qu'un systême de désorganisation a plongé depuis trois ans
dans un état de mort, averti d'avance, que des
vues plus saines lui ont été enfin substituées, sent
de nouveau son activité et son ardeur s'enflâmer :
il s'empresse d'armer ses vaisseaux ; et sans autre
garant que l'espoir d'un meilleur ordre de choses,
il court porter à Saint-Domingue de nombreux secours, et y seconder de tout son pouvoir, les dispositions bienfaisantes du gouvernement. Tout enfin
change subitement de face, et prend une nouvelle
vie. Par le concours unanime de tous ceux qui peuvent y coopérer, les décombres se rassemblent
avec la rapidité d'un enchantement, les manufactures se relèvent, les plaines se recouvrent de cannes
à sucre, les montagnes de cafiers ; et une année
ne s'est pas encore écoulée, depuis cet heureux
changement, que la France en recueille déjà les
premiers fruits, et commence à retirer l'intérêt des
sacrifices quelle a dû faire dans les premiers momens.... Oh ! que ne puis-je communiquer à tous
les cœurs, le sentiment qui me pénètre, en traçant
ce riant tableau ! que n'ai-je une éloquence digne

des motifs qui m'animent, et assez persuasive, pour faire saisir avec empressement, les moyens de le réaliser ! Mais il est trop brillant pour que je ne doive pas l'appuyer de quelques détails, et enseigner les moyens d'en rendre le succès infaillible. Ces moyens sont connus et assurés d'avance, puisque mon plan n'est qu'une modification, telle grande qu'elle puisse être, de ce qui existait précédemment. Je n'imiterai pas l'exemple de ceux qui, fondant de grand projets avec les seuls secours de leur imagination, oublient constamment d'y joindre le mode et les moyens d'exécution. (*).

____

(*) Il est remarquable, sinon quelque chose de plus, d'entendre Boissy d'Anglas (même rapport sur les colonies) dire « que » le décret de la liberté des noirs est le seul acte de justice que la » tyrannie décemvirale ait enlevé à la convention ». La contradic-d'une tyrannie qui rend des hommes libres, présente à l'esprit une idée aussi confuse que singulière. Il aurait été plus clair et plus conséquent de dire avec franchise, qu'elle les livra à l'anarchie, qui est la seule chose que la multitude pût attendre d'un si monstrueux gouvernement. Mais je dirai quelque chose de plus précis, de moins baroque, à la louange des Tyrans. Ils firent en effet déclarer la liberté des noirs : mais l'exécution du décret qui l'établissait, fut du moins subordonnée, comme je l'ai déjà observé par un article séparé, à un mode que le comité de salut public d'alors fut chargé de méditer et d'en faire son rapport. Le long intervalle qui s'écoula depuis l'émission de ce décret, prouve que le comité de salut public sentit l'importance de cet objet ; et rien n'empêche de croire que le mode qu'il se proposait de présenter, ne fût basé sur

Le sol fertile de Saint-Domingue serait donc cultivé , non par des esclaves , puisque l'esclavage , proprement dit., y est aboli, mais par des hommes qui travailleraient dans l'attente assurée du prix qui y est attaché , et qu'on pourrait comparer aux anciens engagés dont les mains contribuèrent si efficacement aux premiers défrichemens, aux mêmes conditions et dans l'espoir des mêmes récompenses. A la vérité, l'époque à laquelle ce prix doit être accordé , serait indeterminée , puisque j'ai dit qu'il est conditionnel et subordonné à l'entier rétablissement de la colonie. Le droit de la fixer appartiendrait au corps législatif français seul , qui prononcerait solemnellement , d'après les renseignemens qui seraient fournis par les délégués du pouvoir exécutif, et sur leur attestation que les conditions ont été fidèlement remplies. Il est essentiel de fixer aussi le régime qui serait observé dans l'intervalle plus ou moins long , qui s'écoulerait jusques-là, et d'y joindre quelques dispositions nécessaires pour opérer ce nouveau changement sans secousse. De plus, pour ne pas retomber dans les mêmes inconvéniens, et de crainte de compromettre le bien de la chose et les résultats qu'on a lieu d'en attendre, il doit y avoir des distinctions à faire, et une gradation à observer. Il

---

les mêmes principes, et d'après la même manière de voir que le mien : peut-être même eût-il été moins favorable aux noirs.

n'est rien moins qu'indifférent d'y avoir égard, et il ne faudrait pas traiter également, et admettre à la fois aux mêmes faveurs, des hommes plus ou moins âgés, et qui auraient rendu des services plus ou moins longs, ou ceux qui auraient tenu une conduite plus ou moins irréprochable. Tout noir qui aurait alors vingt-quatre ans de service révolus, serait libre de droit. Je le compare à ces vieux serviteurs qui ont fait le sacrifice momentané de leur liberté individuelle à leur patrie. Ils la servent en la défendant; il la servira en l'enrichissant. Il sera maître désormais de vendre son labeur ou de l'appliquer, si cela lui convient mieux, à sa propre utilité. Pour des raisons d'intérêt public qu'il serait inutile de développer ici, en attendant qu'un usage suffisamment long, ait établi une balance juste entre le travail et le salaire, celui de tout libre qui travaillera pour autrui, sera provisoirement fixé par la loi, selon la nature et le genre des services rendus. Mais dans une colonie qui ne peut fleurir que par le travail et où tout homme inoccupé doit être dangereux, ou au moins un membre inutile à la société, il est souverainement important, que l'oisiveté soit sévèrement interdite aux libres comme aux engagés, aux blancs comme aux noirs. Le repos illimité ne serait accordé qu'à la vieillesse et aux infirmités. Qu'un nouveau libre continue ou non, de louer ses services à autrui, sur sa demande appuyée du titre en forme

qui constate sa qualité ; il lui sera accordé gratuitement , par l'administration coloniale , un terrein
suffisant pour y planter des vivres , et pour y faire,
à son bénéfice et comme il l'entendra , quelques
essais de la culture qui lui est familière. Rien ne
pourra borner dans les nouveaux citoyens , la faculté de disposer, d'acquérir et d'étendre leurs propriétés , selon leur industrie ; ils jouiront à cet
égard et à tous autres , de tous les droits attachés
à la qualité d'hommes libres , de français , dans
toutel'étendue du mot.

Le terrein accordé à chaque affranchi , sera pris
dans les terres nouvelles les plus à portée du can-
ton qu'il habitait. C'est à cet usage que doit être
appliquée une portion du territoire de la partie dite
espagnole , qui a été cédée à la France ; ainsi qu'à
accorder également de pareils lots à tout étranger
qui demanderait à s'établir dans la Colonie. Ces
lots seraient fixement de dix carreaux , mesure coloniale : (environ 25 arpens) de plus grands, c'est-
à-dire, ce qu'on appelle concessions de 64 carreaux,
ne seraient délivrés gratuitement et selon les forma-
lités ordinaires, qu'à ceux blancs ou noirs , français
ou étrangers, qui justifieraient de la possession d'un
capital suffisant , pour en entreprendre la culture ,
et qui seraient tenus de fournir caution , pour sûreté de leur fidélité à remplir les clauses de la con-
cession. Il faudrait veiller soigneusement à ce que

ce territoire , que mon système rendrait très-pré-
cieux , ne fût point dégradé , ni arbitrairement occupé par les hommes qu'y attirerait l'inconstance,
ou l'espoir d'y former des établissemens plus avantageux. Les conditions ci-dessus doivent être de rigueur ; et une police sévère en éloignerait les vagabonds , les fugitifs, et ces rassemblemens qu'une
chasse abondante et la facilité de subsister pourraient former dans ces contrées désertes, et que
l'oisiveté et l'habitude d'une vie licentieuse pous-
seraient tôt ou tard à commettre des excès, à troubler
l'ordre public , et peut-être à le renverser encore.
Telle serait la seule méthode à suivre pour utiliser
le vaste territoire appartenant à l'état. Inutile, à
charge, et même dangereux sous un autre point de
vue , il ne serait bon qu'à servir de retraite aux
fugitifs et aux brigands. Dans mon projet, ce sera
l'espérance des générations futures, et la patrie d'une
multitude toujours croissante de nouveaux citoyens.

Une population libre qui puisse, dans les tems
à venir, suffire à tous les besoins de la colonie,
sans secours étrangers , est l'objet important et la
fin qu'on doit se proposer. Il ne faut rien négliger
de ce qui peut favoriser ses accroissemens ; mais il
faut s'abstenir soigneusement de toute mesure irréfléchie, qui sans lui être utile, pourrait préjudicier
et porter coup à l'agriculture. (Cette question délicate demanderait d'être longuement traitée, et

je ne le puis ici que sommairement : je parlerai plus bas, des moyens de pourvoir à l'une et à l'autre.) En supposant qu'un noir ait été importé dans la Colonie entre 15 et 25 ans d'âge, il n'aurait encore que de 39 à 49 ans, après son tems de service fini : il serait encore jeune et en état de procréer des enfans libres, indépendamment de ceux auxquels il aurait donné la vie pendant son engagement, et qui seraient soumis aux conditions établies par la loi. Le noir est l'espèce d'hommes sur laquelle les ravages de la vieillesse se font le moins sentir, et qui conserve le plus de vigueur dans l'âge le plus avancé. Si sa femme se trouvait encore retenue, faute d'avoir rempli son tems, il pourrait en obtenir l'abandon d'un maître humain et dont il aurait bien mérité, si le terme à écheoir n'était pas trop long ; ou joindre lui-même ses services aux siens, pour avancer l'époque de son dégagement : enfin, il pourrait l'obtenir moyennant des dédommagemens proportionnés. Il en serait de même de ses enfans nés dans la servitude, qu'il pourrait retirer à prix d'argent, selon un mode et au taux fixé par la loi, ou en les remplaçant convenablement. La mère de six enfans travaillans, ou de douze, de quelque âge qu'ils fussent, serait libre de droit. Du reste, tout noir qui pourrait, par son industrie, rassembler un pécule égal à la somme qu'il a primitivement coûté, sera censé libre du moment qu'il en aura fait l'offre réelle, pourvu toutefois, que sa conduite antérieure soit exempte de reproche grave.

Le mode ci-dessus serait successivement suivi pour tout individu qui aurait atteint le tems légal, et rempli les conditions prescrites. Mais comme tous les hommes n'ont pas une égale propension au bien, et que la punition des fautes est un frein ou un véhicule non moins puissant que l'attrait des récompenses, il faudra établir une différence marquée entre le bon et le méchant, et empêcher que d'après la certitude de parvenir à son tour au même avantage, il soit regardé comme indifférent de bien ou mal faire. Tout noir qui tomberait dans de légères fautes serait puni d'une peine proportionnée, mais suffisante pour secouer son apathie naturelle, telle que d'être occupé une partie du jour de repos, et l'interdiction des jeux auxquels il seroit permis à ses compagnons de se livrer. Les noirs sont de grands enfans qu'il faut traiter comme tels, et qui seraient plus punis de n'avoir pu s'abandonner à leur goût passionné pour la danse ou pour le chant, que par une longue prison, et par les plus mauvais traitemens. Tout châtiment corporel et arbitraire, sera sévèrement prohibé : l'appareil en fut toujours plus révoltant, que l'effet avantageux. Il n'est propre qu'à ravaler l'ame du noir, qui, y devenant peu-à-peu insensible, n'en conserve qu'un

surcroît de haîne mortelle contre celui qui l'a soumis à cette humiliation.

La connaissance et la punition des crimes n'ap-
partiennent qu'à la loi et au ministère public. Le
meurtre et l'incendie prémédités seront punis de
mort : l'homme pervers et obstiné dans un désordre
capable de compromettre la sûreté publique , sera
condamné à travailler enchaîné le reste de ses jours :
les délits moins graves , mais hors de la compétence
de la police domestique , seront punis par une
chaîne moins pesante et par un tems de travail ,
outre le tems légal. Pour cet effet , il y aurait des
établissemens publics , ou même des manufactures
appartenant à la république , aux travaux desquelles
ces malfaiteurs seraient exclusivement occupés , et
attentivement surveillés. Une chaîne serait tolérée
sur les habitations , pour les vagabonds et les fugitifs :
elle emporterait pour le coupable , l'interdiction des
jeux , et travail les jours de repos , jusqu'à réparation
complette du tems perdu pour les travaux ; après
quoi il rentrerait dans l'attelier. La récidive sera
plus sévèrement punie , et tout noir qui dans un
troisième maronage sera resté trois mois absent ,
sera livré à la loi , pour être étampé au sein , avec
la marque de l'état , et condamné aux travaux
publics. On lui dirait, comme à Athènes , sois esclave , puisque tu ne sais pas être libre.

Cette rigueur peut paraître excessive à ceux qui

ignorent qu'elle est l'apathie du noir, son éloignement pour le travail, et combien il est important,
pour le salut de la colonie, de réprimer, par des
exemples éclatans, son goût pour *le maronage*,
goût auquel un certain nombre d'entr'eux, accoutumés à une longue indolence, ne tarderait pas de
se livrer et de trouver des imitateurs, s'il restait
impuni, et qui donnerait insensiblement lieu à des
rassemblemens suivis bientôt des plus fatales conséquences pour la colonie, sur-tout à une époque où le
souvenir des convulsions qui l'ont déchirée serait
encore récent, et pourrait inspirer à quelqu'homme
audacieux, le desir et l'espérance de les recommencer. Pour maintenir le bon ordre, et empêcher que
le vice ne soit toléré, en cachant les fautes d'un
sujet, dans la crainte d'être privé de deux bras de
plus, tout noir condamné sera remplacé ou payé
aux frais d'une caissse établie à cet effet, selon un
ancien usage.

Mais ce n'est pas tout que de réprimer les hommes
par les punitions, de les encourager par les récompenses, et de les flatter de l'espérance, d'être libres:
il faut sur-tout les rendres digne de l'être, et les
préparer d'avance à ce bienfait. Je le dis encore,
mon système est praticable, mais il ne l'est qu'en
le fondant sur l'amour du devoir, du travail, et
sur la pratique réelle des vertus. Ceux qui pensaient
de bonne-foi, et non sans raison, que la liberté per-

sonnelle était incompatible avec l'objet auquel les colonies sont distinées , entendaient parler de la liberté non modifiée ; ils calculaient de plus les obstacles que les vices et les préjugés coloniaux opposeraient à un nouvel ordre de choses , et combien est orageux le passage de l'esclavage à la liberté. Mais des évènemens terribles ont tout applani : ni préjugés ni vices peut-être n'existent plus : la rude secousse du malheur a dû contribuer à les extirper ou à les amortir, et des réglemens sages et rigoureux , pourront , je l'espère , les empêcher de reparaître. Je ne m'étendrai pas ici sur les détails d'une police générale, nécessaire pour forcer tout individu , de se renfermer strictement dans ses devoirs. Cette branche de législation , toute essentielle qu'elle est à l'exécution de mon plan ; ne peut faire partie que d'un développement raisonné , et je me borne ici à poursuivre ce qui est le plus digne de fixer l'attention.

Pour rendre insensiblement ces hommes dignes de la liberté à laquelle ils sont appellés , il faut avant tout , nonobstant la fermeté nécessaire pour maintenir le bon ordre , les traiter en général avec égard , élever leurs ames , et leur apprendre à s'estimer eux-mêmes , par une attention suivie à ne rien tolérer , ni en eux ni dans les autres , qui tende à les avilir. Tout noir devra son tems fixe de travail journalier , selon les saisons et les circonstances ; il aura en retour, le droit d'exiger tous les soins que l'humanité commande. Il doit être logé, vêtu et nourri convenablement. Communément, le noir avait à Saint-Domingue un logement sain, commode, et bien supérieur au toit fangeux et étouffé de nos paysans d'Europe. C'était sur-tout dans les brillantes plaines à sucre et à indigo, que l'habitant n'épargnait rien pour cet objet intéressant, et y mettait presque toujours une certaine ostentation : la chaleur et un ciel constamment serein, ne laissait plus rien à desirer. Mais trop souvent, dans les établissemens nouvellement formés, au milieu des gorges humides des montagnes et des bois, une case élevée à la hâte, non en maçonnerie comme dans les plaines, mais avec de la paille soutenue par quelques pieux, ne pouvait défendre le noir contre la fraîcheur pénétrante des nuits, et contre une température aussi rigoureuse pour lui, que le sont pour nous les latitudes septentrionales. Le vêtement peu dispendieux, qui leur serait jugé nécessaire, leur serait exactement fourni deux fois par an, aux époques fixées par la loi. Quant aux subsistances, c'est un point dont, moyennant quelques légers soins, la nature et le climat font presque tous les frais ; et l'on joindrait à l'usage de leurs productions variées, quelques salaisons que le noir préfère à tout, et dont une distribution régulièrement faite, occasionnerait une consommation capable de relever nos pêcheries, et une branche de spéculations dans laquelle notre commerce n'a pu soutenir la concurrence de l'étranger, mais que je crois d'autant plus importante à conserver, qu'elle employait autrefois un grand nombre de vaisseaux, et que c'était l'école où allaient au milieu des mers orageuses se former nos meilleurs marins.

C'est sur-tout dans les maladies, qu'on exercera envers le noir tous les soins de l'humanité. En général, ce devoir précieux et sacré était rempli à Saint-Domingue, avec empressement et exactitude : c'est sur ce point sur-tout, que la classe malheureuse d'Europe ne pouvait comparer son sort à celui du noir. Mais il pouvait exister, et je crois qu'il en existait réellement, des exemples d'une négligence coupable, qu'on doit sévèrement prévenir. L'avarice dans ceux de qui ils dépendront sera sévèrement comprimée, et tout engagé qui pourrait constater l'insouciance ou la dureté du maître, pourra, comme l'esclave d'Athènes, se réfugier dans le temple de Thésée, c'est-à-dire, implorer l'assistance et la protection de la loi, exiger les dédommagemens qu'elle aurait fixés, et même demander à aller servir sous un maître plus humain et plus juste. Mais il faudra se donner de garde de tomber dans un autre abus, en favorisant l'inquiétude et l'inconstance naturelle qui le caractérise. Des réglemens sages pourraient concourir à prévenir également l'amour du changement et des faux prétextes dans le noir, et dans le blanc l'oubli de ses devoirs. Dès-lors ne voyant plus autant de tyrans que de maîtres, il perdrait peu-à-peu sa défiance, et peut-être son apathie. La certitude d'être toujours bien, et que toute injustice exercée contre lui serait rigoureusement réprimée, le rendra franc, joyeux et ouvert ; et il ne verra plus que des pères et des amis dans ceux que tout le forçait à regarder comme ses plus cruels ennemis.

Dans l'état de dépendance, ou dans celui de liberté, l'oisiveté est le plus dangereux ennemi de l'homme, et la source de ses vices et de ses maux. Il est plus important qu'on ne croit peut-être, que l'homme en général ne reste jamais inactif, et qu'il donne au plaisir les courts intervalles que lui laissent ses devoirs. Sous le nom de plaisir, j'entends, non ces goûts crapuleux auxquels s'abandonne trop souvent la multitude, mais ces exercices où le corps a tout à gagner et l'ame rien à perdre. C'est sur-tout dans le noir qu'il est essentiel, non pas de provoquer ces goûts, vers lesquels il est porté par un attrait irrésistible, mais seulement de les favoriser. Si on s'était donné la peine de les étudier, on aurait senti qu'au lieu de se livrer à de vaines terreurs et de gêner leurs penchans, il fallait soigneusement leur procurer les moyens de les satisfaire, les y pousser même, si cela eût été nécessaire. L'ame est la source de la plupart des maladies du noir, qui presque toutes sont causées par le chagrin et l'ennui : j'ai éprouvé par moi-même, qu'il n'est point de plus puissant antidote que ses jeux favoris : ce sont des fleurs avec lesquelles il est facile de lui cacher ses chaînes, et de conduire ces hommes simples et dociles avec un fil.

On disait du peuple Romain, qu'il ne fallait, pour le maitriser, que du pain et des jeux. Il ressemblait, en cela, à tous les peuples du monde. Mais malgré son inertie morale, nul ne fut jamais plus attaché que le noir, ni entraîné par un penchant plus violent, vers ces plaisirs simples dont le goût nous vient de la nature, et annonce une vive sensibilité et une extrême délicatesse d'organes. Sa passion pour la musique est violente : mais on ne trouve pas dans ses chants cette douce mélodie, ou cette expression mâle qu'on rencontre souvent dans ceux des peuples les plus sauvages. Un écrivain, dont l'imagination et la plume facile ont fait souvent presque tous les frais de ses tableaux sombres ou rians, et qui vraisemblablement n'entendit jamais de sons africains, en admire l'expression, et y trouve une certaine empreinte de mélancolie, qui est, ajoute-t-il, la manière la plus profonde de jouir pour les ames sensibles. . . . . La vérité est, que quelque passionné que le noir soit pour le chant, rien n'est plus monotone et plus déplaisant pour

toute

toute oreille la moins exercée , et qui n'est pas celle
d'un Africain. Il exprime toutes les passions ou plutôt quelques mots insignifians sur le premier mode
qui se présente , et dont une mesure à deux tems ,
marquée avec une précision parfaite , forme tous
les agrémens. Gai ou vif dans les sujets tristes , triste
ou lent dans les sujets gais , il est impossible de
connaître par les sons et par l'expression , le sentiment qui l'anime ; il ne faut à ces nouveaux
troubadours , ni tems , ni études pour la compo-
sition : lorsqu'un attelier est au travail , le plus léger incident, une idée joyeuse ou satyrique, suffisent
pour donner la naissance à un chef-d'œuvre : une
voix éclatante sort tout-à-coup du milieu de la
foule , et entonne une chanson dont l'air et les pa-
roles sont improvisés : il indique le refrein au chœur
qui , quelque nombreux qu'il soit , n'a pas besoin
qu'on le répète deux fois , et répond avec une justesse étonnante ; en voilà assez pour crier à tue tête ,
pendant deux heures de suite , et pour recommencer
après quelques minutes de repos. Enfin la musique
est un de ses plus doux passe-tems ; elle étoit pour
lui , au milieu de l'esclavage, ce qu'est pour certains peuples d'Europe , la liberté de penser et d'é-
crire. Le noir trouvait souvent , dans ses chansons ,
la consolation et la vengeance de ses maux. Des vérités chantées furent toujours regardées sans conséquence ; et tel maître entendit souvent , dans

quelques refreins chantés en chœur, l'éloge de sa bienfaisance, ou les reproches sanglans de sa dureté. Il faudra soigneusement favoriser et encourager même ce goût innocent et facile à satisfaire, et qui annonce toujours chez les peuples qui l'aiment, des inclinations douces et de la docilité.

Il en est de même de la danse, vers laquelle le noir est entraîné par un attrait non moins violent, et qui n'est qu'une suite rapide de tours de force, exécutés avec vigueur et avec une admirable précision. On ne peut exprimer plus énergiquement, les emportemens lascifs de l'amour : le danseur se met en nage et devient presque furieux, quand il exécute cette lubrique pantomime. Mais le cœur n'y est pour rien ; l'ame se tait ; et ce spectacle ne peut plaire à ceux qui dans l'expression de ce sentiment, ne sont sensibles qu'à ce qu'il a de véritablement touchant et délicat. Ces danses s'exécutent au son des tambours et d'autres instrumens bruyans. Soit que leur son guerrier, inspire réellement l'effroi, soit qu'on craignît les effets de l'état de fureur dans lequel on voyait souvent les acteurs entrer, elles n'étaient tolérées, dans plusieurs endroits, qu'avec peine : dans d'autres, elles étaient sévèrement défendues. Ces craintes étaient, sans doute, déplacées et chimériques : elles ne tendaient qu'à faire sentir plus profondément au noir son état d'assujettissement, en le privant d'une de ses plus douces consolations. Des hommes

qui dansent ou qui chantent , sont rarement dangereux, et il était aussi ridicule qu'injuste, de soupçonner qu'ils pussent conspirer au milieu d'un exercice
qui leur faisait également oublier , pour l'instant ,
et leurs tyrans et leurs maux : loin d'en avoir rien à
craindre , j'ai vu des noirs excédés de fatigue, redou-
bler le lendemain d'ardeur au travail. Je pense donc
qu'il est de l'humanité et d'une sage politique , d'encourager parmi les cultivateurs de Saint-Domingue ,
ces jeux si doux pour eux, si utiles à tant d'égards et jamais dangereux ; d'instituer des fêtes et des prix qui ,
en les rendant plus solemnelles , seraient un véhicule
de plus à bien faire, dans l'espérance de les obtenir ,
et par la crainte d'être exclu de l'honneur d'y concourir.

Il faudra leur faire adopter, peu-à-peu , nos usages
et nos mœurs , en les éloignant autant que possible
de leurs habitudes primitives : car il serait impossible d'obtenir d'eux ce qu'on ose en attendre ,
toute espésance serait frustrée tôt ou tard , si on ne
parvenait à leur inculquer qu'ils sont Français et non
Africains. Leur amour-propre et leur caractère glorieux, aiderait singulièrement à cette métamorphose,
plus facile qu'on n'imaginerait , pour peu qu'on
s'applique à l'opérer (*). Le noir aime singulièrement

(*) Le noir étoit tellement jaloux de se rapprocher des blancs,
que lorsqu'il était parvenu à l'imiter , il oubliait ou méprisait

à imiter le blanc en tout ; mais rien ne le flatterait autant que de lui être assimilé, et aucun sacrifice ne lui coûtera pour y parvenir. Une partie des jours de repos seront consacrés à l'instruction, et à leur apprendre à aimer une patrie qui doit les admettre au nombre de ses enfans. Nos goûts doivent leur être soigneusement inspirés, dans le double objet de les astreindre peu-à-peu à nos habitudes et à nos lois, et de s'assurer que la génération future remplira, à l'égard de la métropole, la même destination et le même but d'utilité que celle qui l'a précédée. Ces hommes une fois devenus libres, et ayant une propriété dont ils peuvent librement disposer, apprendront bien d'eux-mêmes à connaître leurs intérêts et à les combiner. L'exemple et le luxe dont les yeux sont frappés, ont un attrait qui manque rarement

---

sa propre couleur, et s'imaginait peut-être que la nuance en était altérée ; ainsi qu'on voyait ailleurs, des hommes qui croyaient s'élever, en singeant les grands, et en parlant avec dédain de la classe modeste d'où ils tiraient récemment l'origine. Je survins un jour chez un nègre libre, très-riche, au moment où il excédait un de ses esclaves de coups. Ce malheureux, en me voyant, implora ma pitié et me conjura de demander sa grace. Je le fis : ah ! Monsieur, me dit le maître irrité, vous n'auriez pas tant de bonté, si vous saviez combien cette abominable race de nègres est méchante.....Je souris à ce propos, en jettant les yeux sur cet homme qui était noir et luisant comme le jais. Cependant j'insistai sur la grace que je demandais, et je l'obtins.

de produire son effet. Dans le systême que je combats, il serait nul ; le noir livré à lui-même n'étant environné que d'êtres aussi misérables que lui, ne ferait que végéter. Dans le mien, il est à supposer qu'un commencement de succès, et le rétablissement progressif des fortunes ramènera, peu-à-peu, une partie du luxe consommateur de marchandises et de denrées nationales, qui distinguait éminemment St. Domingue. Les propriétaires fixés dans la métropole, n'ayant plus, à beaucoup près, les mêmes jouissances à y espérer, accourront en foule dans la colonie pour réparer leurs malheurs. Cette affluence sera toute entière à l'avantage des intérêts de la France et de la population noire : l'engagé obtiendra plus de soins, qui seront prodigués à des êtres devenus si chers et si précieux, soit par leurs services actuels, soit par l'attachement qu'on peut encore en attendre, après qu'ils seront devenus libres, et par l'espèce de patronage qu'un bon maître pourrait alors exercer à leur égard. Le noir devenu ou flatté de devenir un jour l'égal des blancs, tâchera de s'y confondre et de s'identifier avec eux le plus qu'il pourra. S'ils consomment beaucoup, il consommera de même, selon la mesure de ses facultés ; et pour cela, il travaillera avec ardeur. Il est naturellement paresseux, il est vrai ; mais il est au moins aussi orgueilleux. N'étant pas livré à lui-même, laissez faire l'exemple, et reposez-vous du reste sur les lois tendantes à détruire , sans distinction d'individus , la paresse et l'oisiveté.

D'un autre côté , ||le moyen-d'assurer le succès de cette grande et généreuse entreprise, est d'y intéresser intimement ceux qui peuvent la seconder , ceux qui par leurs talens et leur expérience , peuvent aider puissamment au développement de ces précieux avantages. Nul ne pourrait , sans doute , prétendre à remplir mieux les vues de la France , à cet égard, que ceux dont les travaux l'enrichissaient et dont la ruine a entraîné la sienne. Quels intérêts sont plus étroitement liés aux siens que ceux des Colons ? Qu'il me soit permis de m'écarter un instant de la question , pour demander si ce n'est pas ici le lieu de rappeller les droits primitifs que les conquérans de Saint-Domingue transmirent à leurs descendans ou à leurs successeurs ; droits qu'il eût été aussi impolitique qu'injuste de faire valoir, tant que le gouvernement auquel ils s'étaient volontairement soumis respectait le plus sacré des droits, celui de la propriété et de la sûreté personnelle; mais qu'il est bien permis de réclamer hautement, lorsqu'ils sont si indignement violés et foulés aux pieds. Mais quel serait le résultat des vérités que je pourrais ajouter à celles que j'ai déja énoncées? Devant quel tribunal pourrais-je plaider la cause de ces hommes aussi utiles que dédaignés, aussi innocens que barbarement poursuivis ? Une pareille réclam

tion ne pourrait être formée qu'auprès de la justice ;
et la justice n'est plus qu'une chimère, du moins
pour eux. Aussi bien, les droits les plus positifs ne
sont rien devant la force qui peut s'en jouer, et il
ne reste plus aux Colons qu'à implorer, du moins,
ceux que tout être a à l'humanité. Quel crime ont
donc commis ces malheureux qu'on a fait ruiner,
incendier, égorger, et dont les restes, échappés au
carnage, sont abreuvés de douleur, du fiel de la calomnie, et qui pis est, de l'insensibilité ? Ils étaient
riches ; ils avaient des esclaves qu'ils tenaient en
héritage de leurs pères..... Eh! qui pouvait se douter
de devenir criminel en jouissant d'un droit consacré
par l'usage de l'antiquité, par des lois authentiques,
par les intérêts même de la patrie, enfin, par tout
ce qui pouvait servir à le rendre légitime ! Mais il
était parmi eux des hommes qui abusèrent étrangement du pouvoir qu'ils avaient sur leurs semblables.
—Quelle contrée n'offre pas des exemples nombreux
de ces abus de puissance, du fort contre le faible ?
Dans le fait, pourquoi ne les punissait-on pas rigoureusement ? Etait-ce leur faute, ou bien celle de
l'insouciance des gouvernemens et de l'insuffisance
des lois ; et n'eût-il pas dépendu d'eux de faire
disparaître le contraste révoltant de la barbarie de
quelques-uns, avec l'humanité et la bienfaisance
du grand nombre ?

Des hommes grossiers et se connaissant trop peu

eux-mêmes, pour savoir ce qu'ils devaient à leurs semblables, n'avaient que trop justifié ce reproche ; mais qu'avait de commun leur brutalité avec les vertus du grand nombre ; et s'il était nécessaire de ramener les individus et l'opinion dans leurs véritables bornes, fallait-il donc mettre en usage des moyens terribles, qui sous prétexte de corriger, ont tout confondu, tout anéanti ? Certainement, si un peuple entier pût être jamais légitimement l'objet d'un traitement aussi barbare aucun ne le mérita moins. J'adjure ceux qui le connaissent, ou qui ont vu le portrait qui en a été tracé par des plumes irrécusables. Jamais hommes, au milieu de la corruption et des vices que tout concourait à fomenter, ne conservèrent plus de cette candeur, de cette droiture et de la noble simplicité qui distinguait les peuples antiques. Bon, généreux, confiant, également incapable de trahison, de lâcheté et de bassesse, jamais l'hoſpitalité ne fut exercée d'une manière plus touchante, jamais l'infortune n'essaya en vain d'émouvoir l'âme sensible et compatissante du Créole : tendre époux, père encore plus tendre, aussi bon maître que bon ami et bon concitoyen, la nombreuse population libre, qui couvre la colonie, atteste sa bienfaisance, et nul ne porta plus orgueilleusement le titre de Français. Ses vertus étaient à lui, ses vices ceux de son tems, et si son âme s'ouvrit à la corruption et aux préjugés, ce fut le fruit de l'exemple de l'Européen avide, qui venu pour accumuler des richesses, et pressé de retourner dans ses foyers, ne trouvait aucun moyen illégitime pour y parvenir, & apprit insensiblement à sacrifier la justice à l'intérêt. Enfin, sans étude, sans instruction, le germe des vertus antiques semblait s'être réfugié dans son cœur, et il n'avait de défauts, que ceux qui tiennent à une vive sensibilité, la promptitude, l'orgueil et une fierté qu'on ne blessait jamais impunément.

Tels sont pourtant les hommes qu'on a peint avec les plus noires couleurs, qu'on traite de barbares, qui foulaient aux pieds tout sentiment d'humanité ; de furieux qui, plutôt que de renoncer à leurs préjugés, avaient préféré de renverser leurs fortunes de leurs propres mains ; de traîtres qui ont vendu leur patrie à l'ennemi ; des barbares ! . . . . . . Allez, calomniateurs, allez à Saint-Domingue ; informez-vous si jamais leurs cœurs restèrent froids au spectacle du malheur, lorsqu'il dépendit d'eux de l'adoucir : demandez à ceux qui ont visité ces contrées, dont vous avez fait un portrait si hideux, si jamais on s'y fit seulement une idée des maux déchirans qui frappent journellement vos yeux, et que vous vous empressez si peu de calmer : voyez si les noirs même, bien moins cruels que vous, on tout confondu, et si dans l'état de fureur où vous les avez mis, ils ont également immolé l'innocent et le coupable : consultez-les dans le calme, et demandez-leur lequel est aujourd'hui plus barbare à leurs yeux, de l'homme qui les conduisait paisiblement, ou de celui qui a abusé de leur simplicité, pour les pousser à commettre mille forfaits. Ils ont sacrifié leur fortune à leurs préjugés, et leur patrie à l'ennemi : c'est-à-dire, qu'ils ont, en résistant ou en fuyant, dérobé leur existence au danger d'une mort certaine........ La première imputation n'excite que la pitié et ne mérite pas qu'on la repousse. Quant à la seconde, que celui qui est sans reproche leur jette la première pierre : n'en est-il aucun d'entre vous qui ait été chercher, dans l'étranger, un asyle contre les périls qui le menaçaient; et n'y eût-il pas opposé une vigoureuse résistance, s'il l'avait jugé possible ? Eh ! croyez-vous que l'affreux instrument qui poursuivait vos têtes, fût plus terrible que la torche et le poignard de l'Africain soulevé ? mais il y a bien plus : des infortunés, forcés d'abandonner cette terre de crimes, sont allés chercher un refuge chez un peuple hospitalier et ami de leur patrie : ils sont déclarés émigrés, et comme tels proscrits, et leurs fortunes adjugées au fisc (*).......

______

(*) Le message adressé au corps législatif le.... relativement à la confiscation des fortunes des prétendus émigrés de Saint-Domingue, suppose, dans celui qui a fourni des renseignemens au directoire exécutif, ou bien de l'ignorance, ou une bien ridicule exagération. On n'en fait pas monter l'estimation à

Hommes inhumains ! prenez-les ces fortunes ; c'est
un tort bien léger de plus pour eux à essuyer, vu
l'état où vous les avez réduites : mais condamner,
sans les entendre, des êtres aussi innocens que
malheureux ! mais leur interdire à jamais le droit

---

moins de deux milliards d'écus, valeur métallique.... Voici une
observation à cette riche assertion. En 1776, d'après un calcul
estimatif dressé pour asseoir l'imposition, on trouva que le
revenu général de cette année était de quatre-vingt-dix millions,
ce qui en l'estimant, le 8ᵉ du fond, donnerait un capital de 720
millions. La colonie ayant considérablement accru sa culture
depuis cette époque, mettons que le revenu ait tiercé, ce qui
est au moins beaucoup. Ainsi, en portant en 1790, dernière
année de la splendeur de Saint-Domingue, son exportation
générale à 135 millions, cela ferait un capital de 1080 millions.
Maintenant faites hypothétiquement la distraction de la fortune des émigrés : comptez-y le tiers, la moitié, les trois quarts,
ou bien même la totalité, si vous voulez, des Colons : dé-
falquez-en ensuite le prix des esclaves devenus libres, qui formaient, au moins, la moitié de la valeur d'une habitation, et
vous verrez ce que deviennent les deux milliards d'écus.....
P. S. Je dois pourtant observer que cette mesure rigoureuse contre les Colons, solemnellement proposée au corps législatif, où elle fut accueillie avec chaleur, et renvoyée à une
commission pour en faire un prompt rapport, est depuis restée
dans un oubli profond. Je serais dans l'incertitude sur ce qu'il
y a à craindre ou à espérer de ce silence, s'il n'y avait lieu
de présumer, d'après les événemens arrivés postérieurement,
que le gouvernement a déjà acquis bien de l'expérience et des
lumières.

de respirer l'air de leur patrie ! Peut-on se jouer plus indignement du malheur ; et si quelques hommes ont été capables d'autant d'immoralité et de barbarie, est-il concevable qu'ils aient pu abuser à ce point de la crédulité du grand nombre ! On fait un crime aux réfugiés de Saint-Domingue, dans les États-Unis, de n'avoir pas abandonné cette terre hospitalière, pour rentrer en France ou dans leurs foyers, comme s'il existait une loi antérieure qui le leur eût enjoint ; ou comme si des misérables qui n'ont rien pour se substanter, étaient capables de se déplacer et d'entreprendre un voyage long et dispendieux. Je m'arrête : aussi bien dois-je craindre de parler à des sourds. C'est ici une des ramifications d'une machination ténébreuse que mes faibles efforts ne sont pas capables de déjouer. O vous, de qui il dépend d'effacer tant d'horreurs, que ne puis-je dissiper le nuage qui vous empêche de pénétrer dans ce mystère d'iniquité ! Mais si la vérité toute entière ne peut encore se faire entendre, livrez-vous du moins aux plus simples mouvemens de l'humanité et de la justice : ouvrez les bras à des infortunés plus dignes d'intérêt que de blâme, et vous verrez comme ils s'y précipiteront : promettez-leur protection et sûreté ; couvrez-les de votre égide contre la fureur de leurs persécuteurs ; ouvrez devant eux une nouvelle carrière à parcourir, et bientôt oubliant haîne, vengeance et malheurs passés, ils ne s'occuperont que de les réparer et de relever les débris de leurs fortunes et de la fortune publique.

Quoiqu'il en soit, le concours des Colons blancs de Saint-Domingue est nécessaire à sa restauration. Le talent de l'architecte qui dirige et surveille, n'est pas moins essentiel à la perfection de l'édifice qui s'élève que les travaux des nombreux ouvriers qui y sont occupés. Eux seuls sont intéressés à en pousser rapidement les progrès, et à la consolider : eux seuls peuvent vaincre les difficultés qui s'opposeront au succès d'une entreprise dont il n'est pas aisé de se peindre l'importance et la grandeur : eux seuls enfin sont capables de se charger de la direction de travaux qui exigent, en physique et en mécanique, des connaissances trop supérieures à l'intelligence du noir le plus exercé. Ils sont nécessaires, de plus, pour conduire la population vers le double but auquel elle doit tendre, la prospérité de la France, la splendeur de la colonie, et la liberté. C'est à leur exemple qu'elle apprendra à parcourir seule la carrière qui lui est ouverte, qu'elle s'instruira, et qu'elle s'identifiera tellement avec l'Européen, qu'on ne verra plus à Saint-Domingue, que même esprit, même mœurs, même tendance, et que la couleur seule pourra faire distinguer les hommes d'une différente origine. Il est une foule d'individus utiles qu'il faut également y rappeller ou y retenir, et que le malheur ou l'inoccupation en chassent journellement. Mais pour cela il n'y a pas un moment à perdre , et le rétablissement de Saint-Domingue ne tient qu'à un cheveu , qu'un souffle peut rompre. Les colonies espagnoles s'enrichissent de ses débris. Elles ont insensiblement attiré à elles , nos hommes à talent, nos plus habiles rafineurs, forcés d'aller chercher un asyle et du travail chez un peuple , qui sentant tout le prix de cette acquisition , leur a ouvert les bras , et leur prodigue , pour se les attacher, l'or et les plus brillantes faveurs. Déja un grand nombre de Colons, suivis de leurs atteliers, qui se sont volontairement attachés à leur fortune , ont abandonné cette contrée malheureuse. Le petit nombre de ceux quis'efforcent de s'y maintenir encore, sous la protection de l'étranger , forcés de fuir ou de s'exposer à la vengeance , comme coupables d'avoir osé défendre leurs vies , leurs familles et leurs propriétés contre les brigands , ne tarderont pas à suivre l'exemple des premiers , et ils iront avec leurs noirs fidèles , fonder de nouveaux établissemens ailleurs. Le sol vierge et fécond de Portorico n'attend que leurs travaux pour devenir une colonie florissante. La vaste Cuba les appelle, et leur offre avec empressement, secours, protection , et des terres fertiles à cultiver; et bientôt ces possessions espagnoles , que notre active industrie condamnait à l'inutilité , vont s'enrichir de nos dépouilles, et s'élever, par les travaux des Français même,

au rang brillant que les nôtres auront irrévocablement perdu. La cession même de la partie espagnole
inutile à la France, tournera à leur avantage, par
la centralisation de la population et de tous leurs
moyens de culture, dans une moins grande étendue. Encore une fois, il ne faut rien négliger, il
n'y a pas un instant à perdre, si l'on veut retenir
les hommes à talens et une partie des bras prêts à
s'échapper. L'infortune et une persécution atroce
les forcent de fuir ; mais le sang français n'a pas
cessé de couler dans leurs veines. Dans un tems où
aucun d'entr'eux ne pouvait prévoir l'horrible tempête que la révolution devait attirer sur leurs têtes,
il n'en est aucun qui ne se sentît enflammé de l'enthousiasme de la liberté ; et si, au lieu de les repousser, la patrie leur tendait une main bienfaisante,
tous s'empresseraient de la saisir avec amour et respect, et lui prouveraient bientôt de quoi ils sont
capables pour elle.

Je n'ai, jusqu'ici, parlé que des devoirs du noir
et des règles auxquelles il serait nécessaire de le soumettre, parce que les principaux obstacles qui s'opposent à une restauration et à la stabilité d'un meilleur
ordre de choses, dépendant de sa manière d'être ; je
me suis uniquement appliqué à les lever. Je n'ai
même traité la question que très-succinctement : ce
n'est pas ici le lieu d'un développement plus
étendu ; et je n'ai eu en vue que de présenter les

bases les plus essentielles d'un nouveau système colonial. Mais pour couper court à toute fausse interprétation, je déclare qu'en traçant les devoirs que le noir aurait à remplir, je ne regarde pas comme moins sacrés, et moins inviolables, ceux qu'il est important d'imposer au blanc, et généralement à tout ce qui porterait le titre de maître : ce titre ne serait pas devenu, par succession de tems, si odieux, si la passion des succès et l'intérêt, qui dilâtent les passions propres à retrécir l'ame, tout en étouffant celles qui peuvent l'élever, n'avaient fait perdre de vue les exemples des premiers qui le prirent. Je ne crois pas impossible d'affaiblir un préjugé désavantageux, et d'y attacher une idée honorable, en fixant d'une manière irrévocable, des devoirs qui, pour l'homme de bien, naissent de la chose même, mais que d'autres peut-être oubliraient facilement, si on ne prenait soin de le leur rappeller. Mais encore une fois, ce n'est pas là que git la difficulté ; et il serait toujours tems d'y revenir, lorsque les principaux obstacles seraient applanis, et qu'il ne s'agirait plus que de former un plan général et raisonné. Il suffit de dire, que sous le nom de maîtres, je n'envisage plus des hommes, à qui il serait permis de se livrer à l'impulsion de leur caractère ; humains, s'ils étaient nés doux et sensibles ; cruels et insoucians, si la nature leur avait donné un cœur inflexible et dur ; uniquement occupés à satisfaire leur ambition, et saisissant

sans

sans choix tous les moyens qui se présenteraient d'y parvenir. Non ! j'entends ployer également leurs inclinations et les astreindre à des règles, ou les stimuler lorsqu'elles y seront conformes. En un mot, je veux qu'il soit ce qu'il doit être : je veux qu'il soit désormais pour ses coopérateurs, ce qu'un père, ferme, mais tendre, est pour ses enfans; ce qu'étaient nos antiques patriarches pour leurs serviteurs. Forçons-le de reconnaître, s'il n'est pas capable de le sentir par lui-même, que sa mission, que son droit n'est pas d'opprimer des malheureux, mais de diriger leurs travaux, et de tirer de leur industrie tous les fruits qui se concilient avec la justice et l'humanité. Si le doux sentiment de la compassion, si le plaisir délicieux qui découle du bien qu'on a fait, n'était rien pour son cœur, conduisons-le par la crainte, effrayons-le, en lui mettant devant les yeux, et la punition que la loi lui destine, et les dangers auxquels l'exposerait tôt - ou - tard une vengeance légitime : faisons tomber de ses yeux le bandeau de l'erreur, en lui démontrant, qu'il a bien plus à attendre de l'homme heureux et reconnaissant, que de celui qui est réduit par l'infortune à mêler ses larmes à ses sueurs.

Je suis loin de déguiser la vérité et les torts d'un nombre plus ou moins grand de Colons des Antilles : mais ceux qu'on leur reprochait, étaient souvent bien loin de leur appartenir ; et l'on a, plus d'une fois, rejetté sur eux le blâme d'actions faites par des hommes qu'on y laissa trop facilement refluer, et dont ils ont eu, peut-être, autant à souffrir, que les noirs même. Je ne pèserai pas ici sur la nécessité d'être plus difficile sur le choix de ceux qui sortent de la métropole pour aller aux colonies : mais il faut soustraire dorénavant le noir à la brutalité des conducteurs mercenaires, de ces hommes grossiers qui commençant par exercer leur dureté et leur intolérance sur les noirs des autres, finissaient souvent par devenir les bourreaux des leurs, dont les vices furent un fléau pour la colonie, et dont l'insolence a préparé de loin tous ses malheurs. Enfin, repoussons loin de ces climats, où le bonheur, fondé sur le travail et une heureuse activité, doit régner seul désormais ; repoussons-en, dis-je, ces horribles usages, dont des cœurs féroces ont si inhumainement abusé. Qu'une mort infâme punisse à l'instant l'homme coupable qui oserait s'arroger sur son semblable un droit qu'il ne tient ni de la loi, ni de la nature. Ecartons-en même, s'il est possible, ces vices qui tendent à corrompre, avec le tems, cet heureux ordre de choses dont je me forme l'idée, et dont la durée ne peut être garantie que par la sagesse et par l'exécution des lois.

Mais une réflexion pénible suspend subitement la douce hilarité dont mon ame se remplissait, à la consolante idée de rétablissement après tant de désastres, et d'ordre et d'harmonie après tant de déchiremens. Cette réflexion naît d'un inconvénient grave, et capable lui seul de neutraliser tant d'espérances et d'efforts, si l'on ne parvenait à y obvier. On sent combien un si long enchaînement de malheurs a dû porter coup à la population, non-seulement des blancs, mais encore des noirs. La licence, les combats, et par-dessus tout, les maladies qui se manifestèrent parmi eux dès après leur soulèvement, et contre lesquelles ils n'étaient plus défendus par les soins ordinaires, avaient en deux ans seulement moissonné un nombre considérable d'hommes. Les moyens usités de remplacement n'existaient plus; et des hordes livrées au désordre et à une vie active et agitée ne pouvaient se reproduire. Il faut joindre à ces pertes les bandes de Jean-François et de Biassou, qui se sont constamment refusées à tout accommodement, et sur lesquelles on ne doit plus compter. Il faut y joindre encore les noirs nombreux, qui ont, en divers tems, suivi la fortune de leurs maîtres, et qui ont dû passer avec eux dans les colonies espagnoles. Il est inutile de chercher ici à fixer au juste la masse d'hommes perdus pour St-Domingue (*).

(*) La population noire de Saint-Domingue était en 1790, d'environ 460 mille ames. D'après des calculs faits sur les lieux, par approximation, en 1793, la diminution était déjà de 100 mille ames. J'estimais que les pertes avaient dû dou-

Mais qu'on jette les yeux sur la Vendée ; qu'on considère les effets désastreux de ce genre de guerre, et l'on jugera combien doit être immense le nombre qui a péri depuis cinq ans d'une guerre accompagnée de toutes ses horreurs, et aggravée par les effets particuliers du climat. C'est sur la partie du nord la plus importante de toutes, que les fléaux dont elle fut le foyer, ont particulièrement pesé : c'est celle à laquelle il est le plus urgent de rendre la vie et l'activité, et c'est précisément celle qui, après avoir été le centre du mouvement et des ressources coloniales, est réduite au point de ne pouvoir s'aider, qu'en obtenant les plus puissans secours. Une fois que le calme sera rétabli, quels seront les moyens propres à réparer les pertes de bras que cette partie et les autres ont essuyées ?

Je ne renouvellerai pas ici mes objections contre le projet chimérique de faire cultiver les denrées coloniales par des mains européennes. Je ne m'étendrai plus sur les effets terribles de ce climat destructeur, sur une espèce d'hommes que la nature n'a pas faits pour lui. Quiconque s'est livré à quelques méditations sur les intérêts politiques de l'Europe, et sur ceux de la France en particulier, sait bien

---

bler depuis ; des personnes venues récemment de cette colonie, croient qu'elles vont maintenant aux trois cinquièmes de la totalité.

ce qu'il en coûtait à la population des divers états, par l'émigration de ceux de leurs sujets qui allaient tenter fortune en Amérique, qui toujours recevait, rendait rarement, et n'en devenait pas plus peuplée: et pourtant la plupart de ces hommes n'avaient d'autre occupation que de diriger les Africains dans des travaux qui leur étaient exclusivement abandonnés. Que serait-ce donc, si changeant à l'avenir cet ordre de choses, on chargeait les blancs des travaux manuels de l'agriculture ! si des Européens qui, vû leur petit nombre, ne manquaient, dès en abordant dans cette contrée opulente et hospitalière, ni de soins, ni même d'une certaine aisance, succombaient presque tous aux influences malignes de ce climat ; comment y pourront résister une foule d'hommes envoyés à la fois, pour vaquer à tous les travaux de la culture coloniale? Comment soutiendraient-ils les fatigues qu'exige le défrichement des terres ; comment enfin se feraient-ils à une subsistance inaccoutumée ? Car les subsistances européennes et les ressources en ce genre, que l'habitude et la facilité de se les procurer faisaient tirer de la métropole, étaient suffisantes pour un petit nombre de consommateurs ; elles ne le seraient plus, et deviendraient trop onéreuses à fournir à la masse entière des cultivateurs d'une contrée où la chaleur et l'humidité ne permettent de porter que la plus pure farine de froment. Peut-être s'accoutumeraient-

P 3

ils , avec le tems , aux vivres du pays : mais quiconque connaît Saint-Domingue , sait bien que ,
soit par orgueil , soit par dégoût réel , on ne put
jamais vaincre sur ce point la répugnance d'hommes,
dont la plupart ne mangeaient en Europe qu'un
pain noir et grossier. — Mais il est une considération particulière et non moins importante. La
perte presqu'assurée des hommes qui passaient librement de France à Saint-Domingue , et dont le
climat emportait , en peu de tems, la moitié ,
était compensée par les grands avantages qui en
résultaient par sa population intérieure , et peut-
être même était plus que réparée par l'accroissement
qu'occassionnent toujours le bonheur et l'aisance.
Mais les circonstances sont bien changées. Dans
l'état d'épuisement où la France se trouve par la
révolution , et par les effets d'une guerre longue
et sanglante , non seulement elle ne pourrait fournir
à Saint-Domingue un nombre suffisant d'hommes
pour entreprendre les travaux de sa culture , mais
encore elle ne saurait faire , désormais , le sacrifice
de ceux qu'elle y envoyait communément. Il entre
dans mon plan d'ouvrir les portes de la colonie ,
et d'y accueillir avec faveur tout étranger qui voudrait s'y établir et travailler ; et en même tems
d'en fermer provisoirement l'entrée à ceux de ses
propres sujets qui ne pourraient pas justifier d'un capital suffisant pour y former quelques entreprises

avec succès. J'ai fixé plus haut, en parlant des terres vacantes, le mode à suivre envers les étrangers venus pour chercher de l'occupation dans la colonie. Revenons à l'examen des moyens de la repeupler.

Un des plus forts argumens des partisans de la liberté immédiate et absolue, est que toute population qui vit sous ce régime bienfaisant, reproduit au-delà même de ses besoins, et que les noirs de Saint-Domingue devenus libres, suffiraient avant long-tems aux besoins de l'agriculture, sans recourir aux moyens usités pour les recruter. Ils prennent pour exemple, ce qu'on observe dans tout état bien gouverné, sur-tout dans les États-Unis d'Amérique, depuis leur indépendance. J'observerai d'abord que la population de cette dernière contrée ne s'est pas accrue seulement d'elle-même, mais par le concours immense d'hommes de toutes les nations, Anglais, Écossais, Irlandais et Allemands, qui sont allés y chercher une existence plus douce. Quant aux autres états, cette comparaison, plus spécieuse que juste, des pays tempérés de l'Europe, avec une colonie placée entre les deux tropiques, est infirmée par la différence des climats, des mœurs, et par leurs effets connus. La liberté ne tend à favoriser les accroissemens de la population que chez les nations policées dont les institutions sociales tendent plus ou moins à la reproduction de l'espèce hu-

maine. Mais il est constant que sous les climats brûlans de l'Afrique, comme sous la zône-torride ou
tempérée de l'Amérique, les peuples sauvages sont
également clair-semés, peu nombreux, et diminuent
de plus en plus. Il est vrai que le sauvage américain
en général, est froid, et peu porté, par tempéra-
ment, à se reproduire : mais le noir africain, au contraire, est entraîné vers l'amour physique par un
penchant irrésistible et presque furieux, et l'on voit
pourtant également peu populeuses, et les nations esclaves qui vivent sous la ligne, et le caffre
qui, sous un ciel plus tempéré, jouit paisiblement de
la liberté. Il faut croire, d'après l'évidence, que les
climats n'influent pas moins que les mœurs sur
les progrès de la population, et que les régions ex-
posées aux rayons brûlans du midi ne furent pas destinées, par la nature, à contenir autant d'hommes
que les régions tempérées et même froides. Pour
revenir à mon objet, je citerai pour exemple, la
population blanche des colonies ; non celle des
Européens transplantés, que tout concourt à détruire, mais celle des familles acclimatées et dé-
signées sous le nom distinctif de *Créoles*. Il
est certain qu'elles produisent beaucoup, mais il
ne l'est pas moins qu'elles forment, en dernier
résultat, une masse peu nombreuse et toujours dé-
croissante, par l'effet désastreux des maladies qui,
sous ce climat, assiégent l'enfance et la détruisent

en dépit de tous les soins. Je ne désespérerais pourtant pas, qu'en établissant à Saint-Domingue un régime sobre, des mœurs aussi réglées qu'elles étaient dissolues, autant de modération qu'il y avait d'intempérence, et en extirpant dans la génération présente des habitudes qui attaquent dans son principe l'existence de la génération future ; je ne désespérerais pas, dis-je, qu'on ne parvînt à préserver tous les âges et l'enfance sur-tout, d'une partie, des fléaux qui les attaquent, et qu'à l'avenir on n'obtînt une balance égale entre les naissances et les mortalités, entre les pertes et les remplacemens. Quelle que soit sous ce climat, la tendance aux voluptés et le torrent des passions, je ne regarderai pas, ainsi que beaucoup d'autres, cet amendement comme inespérable. Pour ce qui est de la vie animale, le climat y porte naturellement à la sobriété. Les goûts opposés ne sont qu'une suite des habitudes établies dans le principe par les hommes grossiers qui peuplèrent les premiers cette colonie. Rien ne prouve mieux que c'est un goût étranger, que de voir le Français transplanté se gorger de liqueurs fortes, et l'Espagnol, qui habite sous le même ciel, n'en goûtant jamais. Les plaisirs de l'amour y ont pour tous un attrait violent : il serait facile, peut-être, de prévenir les désordres qui en résultent ; d'y pourvoir sans blesser les mœurs, et même, par des lois sages et prévoyantes, de diriger ce goût vers un but entièrement favorable à la population. De pareils réglemens n'empêcheraient pas qu'une libre carrière ne fût ouverte au luxe, à l'éclat, à tout ce qui tend à flatter le sentiment, non moins fort sous ce climat, de l'ostentation et de l'orgueil, dont les résultats forment la plus importante branche du domaine des métropoles.

Il n'est pas douteux qu'une espèce de coalition redoutable s'était formée contre la population coloniale, et qu'elle était réduite à rien par l'avarice insouciante, par le libertinage, par l'infortune, et par les influences du climat. La disparution de toutes ces causes peut faire également disparaître les effets; et il est permis d'espérer qu'en rendant l'état du noir plus doux et moins arbitraire, en lui prodiguant tous les soins que l'humanité commande et qu'il a droit d'exiger, en fixant sur l'enfance un œil attentif et toujours prêt à détourner les dangers qui la menacent, en honorant, sur-tout, le nom de mère, et en en faisant un titre assuré à la considération et à un redoublement d'attention et de bienfaits; il est permis, dis-je, d'espérer que la mortalité qui pèse sur la population noire, suspendra ses ravages, et qu'elle prendra d'heureux accroissemens. Mais enfin, quelque fondées que soient ces espérances et les moyens de les réaliser, il faut, avant tout, remplacer les pertes, augmenter progressivement, et par des moyens étrangers, la population jusqu'au nombre exigé par les besoins présens et à venir de la colonie. Attendra-t-on ces avantages des seuls accroissemens de ce qui reste d'hommes à Saint-Domingue ; et faut-il ajourner sa restauration jusqu'à ce que la génération actuelle ait suffisamment peuplé ? J'abandonne l'honneur d'une pareille idée à ces hommes à qui des projets brillans coûtent d'autant moins, qu'ils s'inquiettent peu de leur exécution. Mais après tout , comment faire face à un intérêt si pressant ? Pour moi , je ne connais qu'un moyen : c'est la traite.... Homme sensible , en qui ce mot seul excite un sentiment pénible , suspens un instant ton jugement , et daigne m'entendre jusqu'au bout !

Jusqu'ici on a peut-être jugé la traite des noirs, moins en la considérant en elle-même, que d'après ses résultats bons ou mauvais. On a appellé spéculation barbare un commerce qui a pour objet d'arracher des hommes au climat qui les a vu naître, pour les transplanter dans des pays lointains, où ils sont censés être soumis à de durs travaux et aux traitemens les plus inhumains. D'autres, pour qui il était utile et avantageux , le regardaient comme juste, parce qu'il était la base fondamentale de colonies florissantes , et repoussaient , comme étant les cris calomnieux de l'envie, l'énumération des maux qu'il entraînait.... Ce commerce était condamné par l'humanité ; mais il était consacré par l'usage d'une longue suite de siècles. Il était révoltant ; mais il était étayé par les goûts, par les passions universelles, par les besoins et la rivalité de toutes les nations commerçantes, enfin par le nouveau systême politique auquel la découverte de l'Amérique avait soumis l'Europe entière.... A Dieu ne plaise que je cherche à excuser ce qu'il avait d'odieux et de criminel, et ce qui le fut d'autant plus à mes yeux, qu'on eût pu le faire disparaître sans cesser la traite, et la rendre ainsi, sinon légitime, du moins aussi tolérable qu'elle pouvait l'être ! Rien n'empêchait les nations qui la faisaient d'en atténuer les maux, en l'exerçant avec toute l'humanité dont elle était susceptible ; et je publie ici hautement la distinction honorable que la nôtre sut mériter à cet égard. Le caractère sensible du Français se manifesta constamment jusques dans ce commerce réprouvé, qu'il faisait avec des égards, dont on eût vainement cherché des exemples chez la plupart des autres nations. Aussi son nom n'était-il pas entendu sur ces côtes avec autant d'effroi que celui du dur Anglais : il étoit plus difficile sur le choix ; et toutes les précautions dont s'environnait cette nation ombrageuse et défiante, et qui tendaient à rendre plus pesans les fers de ces malheureux, se bornaient, chez lui, à ce qu'exigeait impérieusement une sage prudence. Enfin la traite n'eût pas paru si criminelle, si on n'eût pas rendu les hommes traités si malheureux. Je pense avoir également, sur ce point, préparé les esprits à un changement; et je ne prétends à rien moins qu'à la faire envisager sous un autre point de vue.

Je ne m'armerai point ici des raisonnemens et des faits allégués par ceux qui entreprirent de justifier la traite des noirs. Quand même ce genre d'opération commerciale eût été légitime par lui-même, il eût suffi, pour le rendre illégitime à mes yeux, de la manière dont elle était exercée par la plupart des marchands européens et des abus qui en étaient la suite. L'eussent-ils faite d'un commun accord avec tous les égards et toute l'humanité dont elle était susceptible, elle devenait encore abominable, par la seule considération des maux auxquels un nombre plus ou moins grand de ces malheureux était destiné, selon les mains dans lesquelles ils avaient le bonheur ou le malheur de tomber. Mais ici ce n'est plus la même chose, le noir ne sera plus exposé à l'alternative et à l'incertitude de devenir le serviteur d'un homme humain et bienfaisant, ou d'être la bête de somme d'un maître brutal et avare. La loi le met à l'abri des caprices et des traitemens arbitraires : sa perspective n'est plus de travailler et de souffrir jusqu'à la mort, mais d'obtenir la liberté; et en attendant, il sera heureux, au milieu des travaux auxquels il se livrera pour le colon qui le paiera de ses soins, et pour une patrie qui lui assure, pour récompense certaine, le plus précieux des bienfaits.

Mais s'il était heureux en Afrique, pourquoi

l'en arracher, quand ce serait même pour le rendre plus heureux ailleurs ?... J'avoue que ce n'est pas précisément-là ma pensée, et que le bonheur du noir n'est pas mon objet immédiat ; ce que je puis dire de plus favorable à la traite, c'est qu'elle est un mal nécessaire, et balancé par une foule de biens. Il ne faut rien moins que la conviction intime que ce commerce importe essentiellement à la prospérité de la France, pour que je m'occupe des moyens d'en prolonger la durée. Mais outre cet intérêt précieux et immense, s'il était permis de fonder sa légitimité sur des considérations particulières, je peindrais le véritable état du noir en Afrique : je dirais combien il y vit malheureux et avili sous un joug non moins pesant que celui du despotisme européen, et qu'il n'y traîne qu'une existence précaire que se disputent les animaux farouches et ses tyrans. Je dirais que la verge de fer y accable la faiblesse jusqu'au sein des familles, que le fils est esclave du père, la mère de l'époux, comme celui-ci d'un autre ; et que la preuve incontestable des maux qui pèsent sur cette classe d'hommes à la fois ignorans et corrompus, sauvages et rampans, bornés et adonnés à tous les vices, est l'usage même où ils sont de se prêter, avec ardeur, à cet odieux trafic. Mais si on le cessait ?.... Eh bien ! ce serait pis ; ils s'égorgeraient, ils se dévoreraient comme autrefois, et les liaisons européennes ont au moins le léger avantage, aux yeux de l'humanité, qu'ils sont devenus un peu moins barbares, mieux disposés à un meilleur ordre de choses, et que leur présence les empêche de se livrer librement à leurs horribles goûts.

Mais du moment que je reconnais que la traite est un mal qui produit quelques biens, vouloir en prolonger la durée, n'est-ce pas sacrifier tous les principes de la morale à de vaines et coupables considérations ? Quand il en devrait coûter davantage, et que nous devrions renoncer entièrement à notre commerce, à nos jouissances, à un luxe inutile, et être réduits à nos ressources naturelles, anéantissons cet usage criminel ! La nature a assez fait pour nous, sans que nous fassions dépendre notre bonheur d'un abus qui l'afflige : renonçons à notre opulence, à notre industrie, si leur maintien doit nous coûter ce qu'une nation a de plus cher, l'honneur ; ce qui l'honore le plus, l'humanité et la vertu.... La vertu ! l'humanité ! noms chers et sacrés, si consolans, si doux autrefois à l'oreille de l'homme de bien, et dont l'invocation banale le remplit aujourd'hui d'effroi, et semble être le signal de quelque nouvelle affliction ! Soyons de bonne foi : est-ce bien elles qu'entendaient servir ces hommes qui les ont tant proclamées, et qui ont occasionné tant de maux en leur nom ? Sommes - nous plus vertueux, maintenant qu'ils nous ont forcés de faire de si douloureux sacrifices, non à la vertu, non à l'humanité, mais à leur phantôme ? Que nous sommes loin, hélas ! d'être en état de recueillir les fruits d'une action si belle ! Dans les tems où nous nous trouvons, n'est-ce pas la semence jettée dans une terre aride, stérile et destituée des sels propres à en développer le germe ? A quoi nous servirait-elle, d'ailleurs, si nous ne parvenions pas à persuader aux nations qui nous environnent, d'imiter notre exemple ? Les tems ne sont plus où chaque peuple restait isolé, et pouvait concentrer tous ses intérêts, toutes ses affections en lui-même : nous sommes trop voisins, nos liaisons avec elles, fondées sur nos mœurs, nos usages, nos goûts et nos jouissances particulières, et encore plus sur les grands intérêts généraux, sont trop solidement cimentées, pour que nous puissions les briser. Rien ne peut se passer chez nous qui ne doive influer sur elles ; rien chez elles qui ne doive influer sur nous : il faudra de toute nécessité que nous les changions, ou qu'elles nous changent. Que nous adoptions, je suppose, les mœurs âpres de Sparte, ses étoffes grossières et sa frugalité, se modèleront-elles sur nous, ou faudra-t-il que nous en revenions tôt ou tard à nous modeler sur elles ? Je consens à admettre, contre les probabilités fondées sur l'histoire des peuples, et contre la preuve que déjà nous fournissons nous-mêmes, que de corrompues nos mœurs deviendront pures et sévères : en supposant à toute force, qu'au présent,

présent, ce changement consiste dans quelque chose de plus que des mots, il est certain, qu'à l'avenir, il deviendra illusoire, et qu'il se détruira infailliblement, par l'effet des exemples dont nous serons environnés : car s'il en faut croire l'histoire et les leçons qu'elle nous offre, ce n'est pas le peuple sobre qui doit changer celui qui est corrompu, mais bien celui-ci, qui doit parvenir à corrompre tôt ou tard le peuple sobre. Lacédémone, victorieuse et dominatrice de la Grèce entière, ne séduisit jamais Athènes ni Corinthe, par l'exemple de ses mœurs et de ses lois, et finit par s'affaiblir en adoptant les leurs. D'ailleurs revenons toujours à ce principe constant, dans le tems que les hommes étaient moins vicieux, et qui a acquis un bien plus grand degré de force et de vérité dans notre état de corruption : c'est que dans les sociétés, et jusques dans la nature, tout est un mélange de biens et de maux : tout se balance dans cet univers, où l'excès du bien peut être aussi dangereux que l'excès du mal ; et ce n'est pas, je crois, aux hommes actuels qu'il appartient d'interrompre cet harmonie. Sages modernes ! faites un peu de bien autour de vous, et ce sera assez pour la vertu : que dis-je ? faites un peu moins de mal, et ce sera beaucoup pour l'humanité....

Il ne s'agit que d'examiner une chose, et cet hommage est le seul qu'exige une délicatesse bien entendue : il suffira pour calmer les scrupules. Le

sort des noirs sera-t-il meilleur aux Antilles que dans
leur pays natal, et ne peut-on, par des soins et par des
institutions humaines, enlever à la traite ce qu'elle
a de révoltant? Je crois avoir répondu précédemment
à la première question. J'ajouterai sommairement
qu'il n'y a qu'une fausse pitié, qui puisse désormais
trouver malheureux des êtres arrachés à un état d'i-
nertie, d'abjection et de souffrance, pour les éclairer,
les combler de bienfaits, et les préparer insensiblement à un état de liberté et de bonheur, moyennant quelques conditions douces et légitimes , dont
on trouve l'exemple chez toutes les nations policées, dans ces hommes qui, dans une situation moins
triste , et pour des avantages bien moins précieux,
renoncent momentanément à leur liberté, sont soumis à une discipline bien plus rigoureuse , et
ignorent les jouissances dont les noirs seront environnés. On pourrait encore, comparer ceux-ci , au sortir
d'Afrique, à ces sauvages primitifs , que des législateurs tirèrent du milieu des bois et de la barbarie,
pour leur donner des lois , et qui consentirent à
échanger une partie de la liberté qu'ils tenaient de
la nature , contre les avantages de la civilisation.
Quant à la seconde question, le seul changement
opéré dans le régime colonial, doit nécessairement en
entraîner dans la traite , et en faire disparaître tout
ce qui lui serait contraire. D'ailleurs, dans l'une comme
dans l'autre , il ne faut que des réglemens sages,

prévoyans et vigoureux, dont le succès serait affermi par des récompenses décernées à ceux qui se distingueraient par leur attention à les observer, et par des punitions infligées, à ceux qui auraient l'audace de les enfreindre.

Quelques personnes ont cru voir dans la manière dont les colonies européennes étaient peuplées de blancs, le modèle du mode à suivre pour les peupler à l'avenir de noirs. Les premiers établissemens de Saint-Domingue furent, il est vrai, l'ouvrage d'hommes traités en Europe, de ces engagés avec lesquels les miens auront tant d'analogie. Il y a encore des peuples, les Anglo - Américains, par exemple, qui par ce moyen augmentent leur population aux, dépens des autres états : mais c'était des hommes maîtres de disposer d'eux-mêmes, qui se donnaient et se donnent encore, pour un tems fixe, moyennant une légère rétribution et quelques espérances. Ici la comparaison n'existe plus. C'est en vain qu'on irait demander à l'Afrique de ces cultivateurs volontaires pour les transporter à Saint-Domingue; ces hommes ne peuvent s'expatrier gratuitement. La traite ne s'y fait que d'esclaves vendus à prix d'argent, ou de marchandises, par ceux de qui ils dépendent. J'ai déjà observé que ce négoce demandait de grosses avances, que le commerçant ne peut faire qu'autant qu'il a la certitude de se défaire de sa traite avec bénéfice. Or, qui pourrait lui rembourser ses capitaux, dans une colonie où tout individu serait libre ; et où l'on ne pourrait, par le seul fait de cette liberté, n'en exiger ni services ni travail ? Dans mon hypothèse, au contraire, le négociant pourrait aller avec sécurité, chercher des cultivateurs ; ils lui seraient payés, dans la colonie, en proportion de ses frais et des fruits que l'acheteur serait en droit d'en espérer, pendant les vingt-quatre ans de servitude légale.

De plus, il ne faut pas seulement considérer la traite, par rapport aux bras qu'elle procure aux colonies ; on le doit encore du côté des avantages immenses qu'elle rapporte directement à la métropole, avantages sur lesquels je me suis déjà suffisamment étendu. Mais, dans la nouvelle traite, il faut encore envisager le bien opéré en faveur de l'humanité, et l'honorable exemple donné à toutes les nations de l'Europe. Détruisez vos colonies, elles s'attacheront de plus fort à conserver les leurs. Abolissez pour vous l'usage de la traite, elles feront quelques réglemens insignifians pour appaiser les clameurs, mais elles continueront de s'y livrer. Mais introduisez-y un mode nouveau et plus humain : redoublez encore la vénération, que les peuplades africaines eurent toujours pour le nom français, en redoublant ces soins, cette générosité compatissante, qui le faisaient déja chérir : continuez de leur fournir les marchandises nécessaires à leurs besoins ; et vous verrez si vous n'obtiendrez pas la préférence , et si les nations rivales ne seront pas forcées de se modeler sur vous , soit par l'attrait seul d'une action généreuse et éclatante , et pour participer à la louange qui y est attachée , soit par intérêt , et peut-être dans la crainte d'offrir une disparate trop odieuse avec un peuple magnanime , et de devenir l'objet de l'horreur et même de la vengeance des Africains.

Il en sera de même du régime colonial. Dans le système que je combats , nulle nation ne nous imitera , parce que l'exemple serait trop coûteux , et que toutes seraient moins sensibles à la gloire d'une action bienfaisante , qu'à l'espérance secrette de s'approprier les biens que nous laisserions , inconsidérément , échapper. Mais dans celui que je propose , aucune ne manquera tôt ou tard de s'y conformer , par la certitude que les fruits à venir égaleront la grandeur du sacrifice , et par une sage prévoyance des maux incalculables qui pourraient résulter de la comparaison que feraient leurs noirs , de leur sort avec celui des nôtres. Qu'on ne craigne plus la rivalité de l'Angleterre ; qu'on ne voie plus d'un œil jaloux , les établissemens dont elle menace notre industrie et nos colonies , dans le Bengale , et céux plus réels dont elle a jetté les fondemens à *Sierra-lione.* De semblables essais ne conviennent qu'à un peuple qui possède les plus vastes ressources , et

chez qui, mille branches florissantes de spéculations
rendront toujours insensibles, les non-réussites par-
tielles qu'il pourrait éprouver. Il n'appartenait qu'à
un État, qui malgré son opulence et son immense
commerce, ne possédait que de médiocres isles à
sucre, de chercher, par tous les moyens, à égaler
l'avantage que la France avait, à cet égard, sur
lui. Les malheurs de Saint-Domingue ont favo-
risé ses efforts au-delà même de son attente. L'état
d'inutilité dans lequel des projets absurdes et im-
politiques menacent de la plonger à jamais, tend
à les favoriser encore plus. Mais si on adopte un
plan sage, conforme à tous les intérêts, et qui
pare à tout, que pourrait-on avoir à craindre de toute
entreprise étrangère? Quelle comparaison y aurait-il
entre une isle de 480 lieues de tour, assainie par
des défrichemens multipliés, dont un tiers serait
couvert de richesses, et dont le reste, composé de
terreins vierges et féconds, conserverait de vastes
espérances pour plusieurs générations : quelle rivalité, dis-je, pourrait s'élever entre une pareille
possession, et quelques misérables établissemens
jettés au milieu des lagunes infectes et mortifères
des côtes d'Afrique? La France n'a qu'à le vouloir :
à sa voix, les cendres qui couvrent Saint-Domingue
se convertiront en engrais producteurs de nouvelles
richesses ; et cette colonie sera à toutes les colonies

en ce genre , ce qu'est le chêne vigoureux et touffu , pour les faibles arbustes auxquels son ombre ne laisse qu'une existence débile.

Je conclus donc au maintien de la traite des noirs, jusqu'à ce qu'elle ait suffisamment supplée aux besoins présens et à venir de Saint-Domingue. De manière que venant alors à cesser , et les affranchissemens continuant de s'opérer successivement , la colonie se trouverait peuplée d'une masse suffisante et généralement libre. Elle serait soigneusement encouragée , et toute latitude serait donnée au commerce national pour s'y livrer, en se conformant strictement , aux réglemens qu'on ferait à cet égard. Les mêmes spéculations continueraient ; les mêmes marchandises , de fabrique française, autant que possible , seraient importées sur la côte d'Afrique. Mais loin d'abuser, ainsi que cela est souvent arrivé, de la simplicité des peuples qui l'habitent , et pour achever d'établir parmi eux l'opinion honorable attachée au nom français , ce commerce serait fait de bonne-foi, et avec la plus exacte équité. Des hommes probes , fermes et éclairés , seraient envoyés dans les divers comptoirs de Guinée, soit pour y surveiller les marchands nationaux , et y faire exécuter les lois y relatives , soit pour faire connaître aux peuples , les nouveaux principes sous lesquels la France entend maintenir ses liaisons avec eux. Les directeurs des anciennes compagnies d'Afrique, dont les talens contribuèrent souvent à leurs succès, étaient dans l'usage de traiter eux-mêmes un certain nombre de noirs qu'ils livraient ensuite aux navires français, pour les transporter aux Antilles. Il en résultait une grande promptitude dans les opérations, et de faire connaître leur nation dans les contrées intérieures, où elle était autrefois, considérée en proportion de l'habileté et du mérite de ceux qui l'y représentaient. Cet usage me semblerait bon à renouveller, comme propre à simplifier la traite, à en écarter les abus, et à faire disparaître, par la confiance et l'affection qui suivent toujours la loyauté et l'humanité, les préjugés que le noir a dû concevoir contre tout marchand d'hommes.

Ces opérations ne seront confiées qu'à des hommes mûrs, expérimentés et de mœurs douces et honnêtes. On sera aussi très-difficile sur le choix des officiers et des équipages ; et on leur accordera des avantages propres à les dédommager d'une discipline sévère, et capables de leur faire regarder comme une grace ou une récompense, d'être employés dans ces expéditions. Les navires, soit qu'ils traitent les noirs par eux-mêmes, soit qu'ils les prennent dans les dépôts formés par les directeurs, ne pourraient, sous les peines portées par la loi, se charger que d'un nombre fixe et proportionné à la capacité du bâtiment. Ils auraient un équipage suffisant et bien armé :

une police exacte serait exercée à bord, et l'on prendrait toutes les mesures de sûreté indispensables ; mais les passagers seraient libres, et l'on ne pourrait donner des fers qu'à ceux qui manifesteraient un caractère dangereux, qui seraient soupçonnés de mauvaises intentions, ou qui se seraient rendus coupables de quelque délit. Rien ne serait négligé pour maintenir le bon ordre et la décence ; et le capitaine qui serait responsable des évènemens, veillerait à prévenir le libertinage et les débauches des gens soumis à ses ordres.

Dès leur entrée à bord, les *traités*, hommes, femmes et enfans, seraient fournis d'un pagne, dont on exigeraient qu'ils restassent couverts : une nourriture aussi saine et aussi abondante qu'il serait possible, leur serait régulièrement fournie trois fois par jour : et pour prévenir tout abus et toute négligence sur cet article important, le directeur serait tenu d'aller à bord la veille, ou quelques jours avant le départ, pour faire la visite scrupuleuse des vivres et des boissons, et pour s'assurer qu'ils sont suffisans et de la qualité ordonnée par la loi. Tout navire en contravention, serait condamné à une forte amende, et serait retenu jusqu'à ce qu'il eût rempli la quantité prescrite, et des peines sévères seraient infligées à celui qui oserait compromettre l'existence des hommes confiés à ses soins, en transgressant ce qu'elle exige et en frustrant son intention bienfaisante. Tous les soins, toutes les attentions de la plus tendre humanité leur seraient accordés ; et pour les distraire des regrets qui pourraient leur rester, on les exciterait à se livrer à la danse et à tous les jeux que le lieu comporterait. Toute licence et toute brutalité des gens de l'équipage serait rigoureusement réprimée ; et l'on veillerait à ce qu'il ne leur fût tenu que des discours rassurans, et à ce qu'on ne se fît pas un jeu d'aggraver leur douleur, en les trompant, et en remplissant leur imagination de craintes effroyables sur leur sort à venir. On les y préparerait, au contraire, en cherchant à leur donner une idée du sort qui leur est destiné. A cet effet, une partie des équipages des navires destinés pour la côte, serait composée, autant que faire se pourrait, de matelots noirs, sages, affectionnés, et capables, par leur intelligence, de porter dans l'ame de ces êtres intéressans et toujours disposés à juger de l'avenir par le présent, la consolation, le calme et l'espérance. Il en résulterait le double et inappréciable avantage d'atténuer dans leur principe, les causes primitives de maladies, dont l'ame est presque toujours la source, et de répandre sur les côtes de Guinée, un préjugé qui pourrait être suivi des plus heureux fruits, et faciliter nos opérations.

En arrivant au lieu de leur destination, on enverra à bord des noirs de leurs nations respectives, pour achever de les rassurer, et d'éloigner tout reste d'incertitude sur l'avenir. Ces hommes, choisis parmi des sujets sûrs et intelligens, seront chargés d'office, de les interroger, et d'écouter leurs plaintes. Ils jugeront de leur légitimité d'après les témoignages, et ils en feront leur rapport pour y être avisé. Cette mesure est d'autant plus importante, que la plus grande partie des maux qui arrivent pendant la traversée et après, sont dûs à la grossièreté des matelots ; et rien ne doit être négligé pour les contenir.

Enfin, après quelques jours de repos, la vente s'ouvrirait selon la méthode usitée, mais non dans le vaisseau même, avec toutes les ruses et les supercheries qu'on a coutume d'employer. La cargaison serait mise à terre, dans des hangards faits exprès, vastes, propres et bien aërés, où l'on veillerait à ce que tout se fît avec décence ; et nul n'y pourrait pénétrer que pour acheter, et serait muni, à cet effet, d'un permis du propriétaire du vaisseau arrivé, ou de ses préposés. Tout sujet acheté serait sur le champ, et avant de déplacer, vêtu par l'acquéreur, selon le costume et la qualité de vêtement fixés par les ordonnances, pour tous les engagés en général. Il sera inscrit sous le nom nouveau qu'on est dans l'usage de leur imposer, en arrivant, sur un registre public, à l'effet de constater l'époque où son engagement a commencé ; et une expédition en forme lui en sera délivrée.....

Ici je m'arrête !..... Le sentiment rapide du bien, et la douce espérance qui ont guidé ma plume et m'ont entraîné dans un songe agréable , s'évanouissent tout-à-coup , à la seule idée qui vient encore s'offrir à mon esprit , non seulement de la difficulté qu'il y aura à vaincre la prévention , et à obtenir l'accueil que méritent un projet si simple et des vues aussi saines , mais encore pour tirer du sein de la France , réduite au dernier excès de l'épuisement , les ressources immenses qu'exigerait leur exécution. J'oserais bien répondre des fruits abondans qu'elle ne tarderait pas à en retirer ; mais où sont, avant tout, les moyens nécessaires, pour relever le colosse d'une colonie accablée sous tous les genres de maux ? Où sont ses trésors , ses manufactures , son commerce , et ses matelots ? En supposant la bonne volonté , la France est peu capable, en ce moment, d'un si grand effort ; et pourtant le succès dépend de la rapidité qu'on mettra à le poursuivre. Je ne connais qu'un remède à cet inconvénient grave : le voici. Ouvrez provisoirement les ports de la colonie à l'étranger : admettez à participer à vos spéculations, ces peuples recommandables par leur modération, dans des tems de malheur et de crise , qui ont senti le contre-coup des malheurs de Saint-Domingue , et qui sont prêts à prodiguer leurs trésors , pour concourir à les réparer. Qu'on ne dise pas que cette manière d'opérer tournerait au détriment de la France et au profit de l'étranger seul.... Oui , si les cargaisons coloniales ne devaient pas venir directement dans nos ports , pour y être vendues ou transportées de là ailleurs : n'admettez même momentanément , dans la colonie, que leurs vaisseaux de la côte , qui pourront se charger en retour de denrées coloniales , et dont les créances seront déclarées sacrées et mises sous la garantie nationale. Pour le reste , ne leur permettez de commercer à Saint-Domingue qu'avec des vaisseaux et des équipages français. Par-là la colonie se peuplera rapidement ; la métropole remplira , en attendant mieux , la partie principale de son objet : et à tout prendre , quelque chose et l'espérance d'un avenir brillant , valent encore mieux que rien et que la perspective de la misère et d'un dénûment qui s'aggravera de plus en plus.

Je n'insisterai pas plus long-tems sur cet article , laissant à ceux qui s'y entendent mieux que moi, le soin de le développer ou d'en trouver un meilleur, s'il existe. Là finit mon objet. Il est tems de terminer cet ouvrage long et trop long peut-être, pour le succès que j'en ose espérer. Car que peut ma faible voix ? que peuvent les efforts d'un individu isolé, qu'on rangera , quelque soit l'amour dont il brûle pour sa

patrie, et la pureté de ses intentions, au nombre
de ceux qui, parce qu'ils n'encensent pas une opinion
dominante, n'ont que des imprécations à entendre,
et la défaveur à espérer ? Peut-être aussi que me
jugeant d'après l'amertume dont mon ame est abreuvée, et que je n'ai pas été maître de retenir, on
me confondra avec ces hommes qui, à force de desirer le malheur de leur pays, finissent par se persuader qu'il est infaillible. Commerçans, manufacturiers et agriculteurs ! c'est à vous de me seconder,
vous par qui et pour qui Saint-Domingue était tout !
C'est trop long-tems abandonner à l'ignorance et à l'a-
veugle prévention, des intérêts que vous seuls pou-
vez connaître, et sur lesquels on n'a pas daigné vous
consulter. Faites entendre ces réclamations puissantes
et respectables, qui arrêtaient autrefois le despotisme
même. Sortez, sortez enfin de cet état de nullité
où le malheur vous a mis, et dans lequel une crainte
honteuse et indigne de vous, semble vous retenir
encore ! Faites, il en est tems, connaître la vérité
dont le langage ne saurait être suspect dans votre
bouche. Présentez-vous avec la sage fermeté qui
convient aux ministres du bonheur et de la prospérité publique, et n'oubliez pas que la pusillanimité
des hommes qui voulaient le bien, et la tiédeur
qu'ils ont mise à le soutenir, n'ont pas moins contribué à tant de maux, que l'ardeur et l'incroyable
acharnement de ceux qui les ont opérés.... C'est

à vous, ainsi qu'à la patrie , à laquelle votre sort est étroitement lié, que j'ai consacré ce faible tribut de mon zèle : c'est de vous seuls, que j'attends un jugement auquel je me soumettrai avec respect , quel qu'il puisse être. Si j'obtenais votre suffrage, et que mes vues vous parussent capables d'opérer le bien que j'en attends , n'hésitez pas de les adopter et de prendre sous vos auspices ; un plan qui concilie tout, et qui est également éloigné des abus anciens et de l'exagération moderne. Que revêtu de votre sanction , il aille , puisque telle en est la nécessité , sous les yeux de ceux qui , vraisemblablement , l'ont condamné d'avance , et dont la plupart , juges et parties , n'ont appliqué le pouvoir redoutable qui était entre leurs mains , qu'au triomphe de leurs affections particulières. Peut-être que les circonstances n'étant plus les mêmes, ils se rendront à l'évidence. Si par une obstination que le passé ne rend que trop présumable, ils étaient peu sensibles à la considération du bien général , peut-être le seront-ils davantage à celle de leur propre intérêt. S'il a pu être pendant un tems, de dissoudre jusqu'aux bases de la félicité publique , il ne leur importe pas moins aujourd'hui de les rétablir : dites-leur que la puissance même , qui est née du désordre , de la confusion et de l'anarchie , ne peut se consolider que par l'ordre , la paix et la tranquillité intérieure. La paix et la tranquillité ne se maintiennent que par le travail, l'industrie et le bonheur ; eux seuls peuvent calmer l'effervescence des hommes qui lui ont servi d'instrumens pour s'élever, et qui tourneraient tôt ou tard contre elle, l'énergie qu'ils ont déployée pour ses intérêts, si on ne se hâtait de fournir des alimens à leurs besoins et à leur activité. Dites-leur que les passions exaspérées peuvent, momentanément, tenir lieu de tout à un grand peuple, comme l'ardeur d'une fièvre brûlante contribue à soutenir les forces d'un malade ; mais qu'il n'est point pour lui de bonheur solide sans commerce, ni de commerce sans colonies : que l'existence de celles-ci était exposée à des abus qu'il peut être glorieux d'extirper, mais qu'elle est subordonnée à des règles qu'il serait impossible d'enfreindre, sans s'exposer à tous les désavantages qui résulteraient de leur ruine ou de leur nullité....

Je n'ai posé jusqu'ici que quelques bases, que je crois suffisantes pour aider à saisir l'ensemble de mon plan. Dans l'incertitude d'un premier succès, j'ai pensé qu'il serait inutile de m'occuper d'un développement plus étendu, et de joindre à ce qui précède, le cadre complet d'une législation coloniale. Outre que le sentiment de mon insuffisance, me fait regarder cette entreprise au-dessus de mes forces, nul n'aime à semer sans recueillir ; et l'espérance d'en retirer quelques fruits, c'est-à-dire, d'être utile, pourrait seule m'engager à y contribuer de mon

expérience

expérience et de mes faibles lumières. Les questions que j'ai traitées ne m'étaient pas moins supérieures, mais j'ai été enhardi par la persuasion que mes efforts pourraient concourir à dissiper le nuage épais qui les environne. Quelque soit le succès qui m'est réservé, je n'ai eu pour guide que l'amour du bien et de la vérité, et pour but, le bonheur de tous et la prospérité de ma patrie. Puisse-t-elle jouir d'une félicité parfaite, même avec des plans qui ne me permettent de prévoir qu'infortune et misère : le desir de prouver que la raison est de mon côté, ne me fera pas envisager d'un œil jaloux le succès inattendu de ceux qui ont vu d'une manière différente. Heureux ou malheureux, elle ne saurait avoir en moi un enfant dénaturé, et mon dernier vœu sera pour elle.

F I N.

TABLE
DES CHAPITRES.

DISCOURS IV.

DISCOURS V.

Fin de la Table.

De l'Imprimerie de la Société Typographique des Trois Amis, rue S. Jacques, n°. 51, près la place Cambrai.

9 782012 846838